LIÇÕES DE ESTRATÉGIA NAS ORGANIZAÇÕES

Estudos de
cenários, cultura
diagnósticos,
governança e
sustentabilidade
Inclui 27 casos reais
e práticos

LIÇÕES DE ESTRATÉGIA NAS ORGANIZAÇÕES

LUÍS GAJ

M.Books do Brasil Editora Ltda.

Rua Jorge Americano, 61 - Alto da Lapa
05083-130 - São Paulo - SP - Telefone: (11) 3645-0409
www.mbooks.com.br

Dados de Catalogação na Publicação

GAJ, Luís.
Lições de Estratégia nas Organizações: Estudos de cenários, cultura, diagnósticos, governança e sustentabilidade. Inclui 27 casos reais e práticos/Luís Gaj.
São Paulo – 2018 – M.Books do Brasil Editora Ltda.
1. Estratégia nas Organizações 2. Negócios 3. Administração
ISBN: 978-85-7680-307-2

Editor: Milton Mira de Assumpção Filho

Produção editorial: Lucimara Leal
Revisão: Mauro Barros e Beatriz Simões
Capa e diagramação: Crontec

2018
M.Books do Brasil Editora Ltda.
Todos os direitos reservados.
Proibida a reprodução total ou parcial.
Os infratores serão punidos na forma da lei.

Este livro é dedicado a minha esposa e companheira
Eva pelo fantástico convívio de todos estes 62 anos
e pela maravilhosa família que criamos.

Agradecimentos

Agradeço aos muitos empresários que confiaram em nós, permitindo que fizéssemos as experiências que tornaram os relatos dos 27 casos da Primeira Parte deste livro possíveis.

Agradeço também à oportunidade de convívio universitário na USP durante 25 anos, dando espaço para a formulação dos conceitos expostos na Segunda Parte deste livro.

Sumário

Prefácio 11

PRIMEIRA PARTE

Caso 1   Banco do Brasil.. 17
Caso 2   Imprimerie Henri Studer 23
Caso 3   Professor da USP 27
Caso 4   Diversões 35
Caso 5   Grupo Votorantim 41
Caso 6   Ministério de Economia Argentina 47
Caso 7   Receita Federal Brasil 51
Caso 8   Trol 55
Caso 9   Toga 59
Caso 10 Importante Indústria de Produtos Lácteos 63
Caso 11 Polialden 67
Caso 12 Honda 71
Caso 13 Klabin 77
Caso 14 Metalúrgica Abramo Eberle 81
Caso 15 Lendkradwerk Gustav Petri 87
Caso 16 Plásticos Mueller 91
Caso 17 Empresa do Setor de Fundição 95
Caso 18 Metal Leve 99
Caso 19 Carpet Express 103
Caso 20 Madezorzi 107
Caso 21 Cia De Zorzi 111
Caso 22 Semco 113

Caso 23 Bradesco 117
Caso 24 Meias Lupo 121
Caso 25 CREN 125
Caso 26 SLADE 133
Caso 27 Interior Paulista 135

SEGUNDA PARTE

1. Como estar entre as organizações que estão bem na crise 142
2. Como evitar a decadência da sua organização 145
3. Como diagnosticar corretamente uma situação encontrada 148
4. Como realizar um prognóstico que permita correção de rumo 162
5. Como prescrever para atingir os objetivos desejados 174
6. Como tratar a organização na implantação com ação positiva
   e em tempo 195
7. Como visualizar as mudanças ocorridas nos conceitos de estratégia . 209
8. Como obter governança e sustentabilidade na estratégia 231
9. Como a cultura pode ser fator importante 233
10. Como a natureza se compara com as organizações 236
11. Como obter sustentabilidade econômico-financeira, social,
    ambiental e pessoal 241

Bibliografia 245

Prefácio

Meu sogro, George W., que era uma pessoa otimista, pra frente, e já tinha sofrido perseguições durante a Segunda Guerra na Alemanha, nunca se queixava de nada. Era um sujeito muito cordial e, certa vez, comentou que a vida havia passado muito rápido. Isso lembra o caso do discípulo do poeta Goethe que uma vez o abordou e comentou: "Mestre, a vida é muito curta, num minuto a gente nasce, num minuto a gente cresce, num minuto nos tornamos pai, num minuto amadurecemos e num minuto nos tornamos velhos e logo depois sobrevém a morte". A isto Goethe respondeu: "Sessenta minutos tem a hora, o dia mais de um milhar, filho aprende sem demora, quanta coisa se pode criar".

Estando eu na terceira ou quarta idade, continuo me inquietando sobre quanta coisa a gente pode criar. Este livro, por exemplo, é sem dúvida produto da inquietação de tentar contribuir para um mundo melhor para o futuro. Um futuro que podemos modelar e que está no modesto esforço de cada um dando sua contribuição.

Na minha vida profissional, sempre gostei dos desafios que enfrentei, sejam eles externos ou internos, aqueles por mim propostos, e fazer este livro se origina desse desejo de contribuir.

No ano de 1979, o professor Adalberto Fischmann, da Faculdade de Economia e Administração da Universidade de São Paulo (FEA-USP), foi o meu professor em estratégia no programa de mestrado. Eu já tinha atuado em consultoria em muitas empresas e o professor Adalberto, vendo o meu interesse pela disciplina e percebendo que eu estava precisando de um orientador para elaborar a minha tese de doutorado, me indicou o professor Igor Ansoff, que na época estava como residente em Bruxelas, na Bélgica, no European Institut for Advanced Studies in Management (EIASM).

Comecei então a pesquisar tudo que Igor tinha publicado. Logo depois, entrei em contato com ele e marquei a minha ida à Europa. Durante três meses fiquei com ele preparando o esboço da minha tese de doutorado. No Brasil, o meu orientador oficial era o professor Ruy Aguiar da Silva Leme. Ele acompanhou meu estágio na Bélgica, cuidando da parte acadêmica, conforme as exigências da universidade.

Recebi meu diploma de mestrado em 1981 e o de doutorado em 1986. Em seguida, passei a lecionar na FEA-USP, onde fiquei durante 25 anos, incluindo ainda cinco anos na Fundação Instituto de Administração (FIA), onde lecionei para executivos nos programas *lato sensu*.

Após a tese, escrevi meu primeiro livro, editado pela Ática em 1985. Era um livro introdutório e de conceitos, que foi posteriormente adotado pelo Banco do Brasil como leitura obrigatória de candidatos a cargos executivos. O lançamento do livro, cuja primeira edição foi logo esgotada, aconteceu na Livraria Cultura, no Conjunto Nacional, em São Paulo, naquele ano. Foram feitas mais duas edições, em 1986 e 1987.

O segundo livro que publiquei, com o título *Tornando Administração Estratégica Possível*, editado pela McGraw-Hill, em 1990, destinava-se a provar a importância do trabalho consciente com estratégia e sua necessidade para projetar as organizações num futuro desejado.

O terceiro livro foi escrito em 1993, com o título *Transição 2000*, em coautoria com os professores Paschoal Rosetti, Marcos Cobra e Luis Carlos Queiroz Cabrera, abrangendo o tema da economia, da estratégia, do marketing e dos recursos humanos com os desafios a serem enfrentados no novo século. E foi um sucesso.

O quarto livro centrou na figura do estrategista e seu papel no desenvolvimento. Alguns dos aspectos abordados neste livro foram, primeiramente, o relevamento e o diagnóstico estratégico, passando pela imagem das várias alternativas estratégicas, depois sobre o prognóstico, prescrição e tratamento e mais adiante abordando a evolução das ideias estratégicas nos últimos 50 anos e as certezas ao se lidar com estratégia e cenários de futuro. Todos os livros publicados tiveram suas edições esgotadas, sendo este último editado em 2002 pela Makron Books, junto com a Editora Pearson Education do Brasil.

Como consequência desta série de trabalhos simultâneos com consultoria nos últimos 30 anos, e também como professor na USP durante 25 anos, surge agora este livro, que ilustra comportamentos estratégicos mediante o relato de 27 casos, considerados estratégicos, sempre associados a conceitos validados pelas experiências. Todos os casos são reais, vivenciados por mim e específicos a determinados momentos em que os fatos aconteceram e em que as estratégias foram aplicadas. São casos de sucesso, como também de fracasso, para poder avaliar "como fazer" e também "como não fazer".

No livro, são desvendadas as intimidades de cada caso e são listadas as lições que se obtêm de cada um deles. Estas lições podem ser de utilidade para as organizações e, em alguns casos, também úteis para as pessoas e para seus comportamentos. Desta forma, a minha pretensão – depois de acumular experiências de consultoria, vivenciar casos e ter publicado os livros citados acima – é fazer deste o meu melhor livro, recapitulando e melhorando o que já tinha escrito e deixando o testemunho dos casos reais relatados de forma sucinta.

Após a descrição de cada caso, são listados os ensinamentos ou lições que cada um transmite. Como exemplo, temos o caso de uma empresa suíça que assumiu uma dívida com custo de 5% ao ano e não conseguiu amortizá-la e acabou encerrando as atividades, ou o caso de uma empresa que entrou na terceira geração sem sobressaltos, provando que o ditado "pai rico, filho nobre e neto pobre" não se aplica. Em seguida, a cada cinco casos, introduzimos uma pausa para meditar sobre temas relacionados com as estratégias que as empresas e organizações adotam. Uma das meditações se refere à história do caranguejo e à forma como ele cresce, que é aplicável às organizações.

Este livro está dividido em duas partes: a primeira são os 27 relatos dos casos e a segunda apresenta um resumo ilustrativo de todos os conceitos e figuras atualizadas que acreditamos serem úteis para aqueles que, como entidades ou como pessoas, se preocupam com o seu desenvolvimento, com o futuro por vir e com a contribuição que podem oferecer para a construção de um mundo melhor. A recompensa será automática. Desta forma, pretendemos fazer um cruzamento entre teoria e prática, o que tem sido preconizado na Universidade de São Paulo.

Fiz esta escolha de escrever pensando que cada um de nós tem o dever de dar a sua contribuição, de relatar as suas experiências, de aproveitar os muitos minutos para aportar, esperando que seja de benefício e ainda continuando a pensar no muito que se pode criar, parafraseando Goethe.

Boa leitura!

PRIMEIRA PARTE

Banco do Brasil

CASO 1

> "A estratégia tem quatro partes: dimensão temporal,
> interação ambiental, capacitação e risco."
> – Igor Ansoff

Era uma vez um banco importante, com mais de 100 mil funcionários, que me convidou para ministrar palestras e aulas para seus funcionários graduados com o objetivo de preparar potenciais executivos para galgar posições mais altas na hierarquia, promovendo assim a carreira de cada um dos participantes. Trata-se do Banco do Brasil (BB).

O tema das palestras e das aulas visava unificar a linguagem e o entendimento da estratégia a seguir e, uma vez uniformizada a linguagem, implantar mecanismos para permitir adoção de posturas estratégicas. Estes mecanismos consistiam de técnicas e ferramentas disponibilizadas para serem utilizadas na formulação e escolha das estratégias a serem seguidas. Como banco público que é o BB, as estratégias estavam relacionadas com as políticas públicas e promoção do desenvolvimento.

Como a rotina diária dos executivos bancários é altamente demandante, o efeito desejado destas atividades era provocar uma reflexão sobre o momento atual, o que fazemos e por que fazemos, e como nos preparar para o futuro que se desenha, ao mesmo tempo que escolhemos o caminho a seguir com visão de médio prazo – em alguns casos, com visão de três a cinco anos pela frente.

Enquanto eu ministrava aulas no próprio banco, um arquiteto famoso e que se denominava de esquerda projetava e construía um moderno centro de treinamento. A construção era "suspensa" e o prédio não possuía nenhuma garagem, o que dificultava o acesso nos dias de chuva, e deve ter custado aos cofres públicos de duas a três vezes o que custaria uma obra normal ou convencional.

Sem levar em conta quantas casas populares poderiam ter sido construídas com o dinheiro gasto a mais para satisfazer o ego criativo do arquiteto, o dinheiro público assim gasto acabou ficando sujeito à crítica de quem observasse de fora.

Nesse ínterim, havia alternância de aulas ministradas no próprio banco com aulas ministradas nas instalações do Banco Central, pois havia ociosidade na utilização do centro de treinamento que possuía. Por isso, quando solicitado, o Banco Central cedia o espaço para outras instituições.

Na primeira vez que nos dirigimos ao centro de treinamento do Banco Central, tive uma surpresa. Logo na entrada e num dia ensolarado, famílias com crianças se divertiam na piscina e nos vários espaços de lazer. Era uma área grande destinada às famílias dos funcionários. No fundo da propriedade ficava o prédio com instalações para trabalho educativo e de treinamento.

Ao questionar sobre o que era aquilo, foi-me explicado que os funcionários tinham reivindicado junto à direção do Banco Central que fosse construído um clube para eles. O pedido solicitado foi imediatamente negado pela direção do banco. Então surgiu a ideia de fazer um centro de treinamento e aos poucos obter recursos para as instalações de lazer. Desta forma, os funcionários conseguiram o seu objetivo.

Quando o centro de treinamento do Banco do Brasil ficou pronto, as aulas passaram a ser ministradas no novo local. Mas, como disse, não tinha estacionamento e, num dia de forte chuva, o motorista teve de subir na marquise do prédio para evitar que ficássemos ensopados.

Pouco tempo depois, e ainda dentro do programa de aulas, fui convidado a assessorar o grupo central de planejamento na sua tarefa de apresentar uma proposição de plano estratégico do banco. Este grupo era integrado por dez executivos de diversos setores do banco e se reportava à diretoria. Eles participavam de reuniões semanais, nas quais se definiam tarefas individuais e trabalhos a serem apresentados nas reuniões seguintes.

Os temas abordados eram de natureza variada, mas principalmente se tratavam das operações rotineiras com perspectiva temporal e sistêmica, temas sobre as diferentes unidades em que o banco era dividido – como, por exemplo, setor bancário, investimentos, gestão de recursos, seguros, cartões de crédito e setor de financiamentos – e temas conceituais para dar embasamento às estratégias. Nesse ínterim, e para poder receber meus honorários, tive de abrir uma conta numa agência do banco em frente ao meu escritório. Assim, passei a frequentar esta agência. Apesar de ser uma agência moderna e muito bem situada, numa avenida importante da cidade de São Paulo, a minha decepção foi muito grande ao perceber que desde o início do dia filas enormes se formavam para correntistas pagarem seus impostos ou receberem seus proventos. Imaginei a agência sem filas e o que seria preciso para se fazer um atendimento mais rápido, com mais caixas nos momentos de maior movimento.

A minha conta era gerenciada num andar superior, ao qual eu me dirigia eventualmente. Numa ocasião, deparei-me com os funcionários festejando o aniversário de um deles e o atendimento foi como se eu estivesse interrompendo a congratulação. Isto no horário de expediente. Em outra ocasião, cheguei na hora do cafezinho e tive de esperar para ser atendido. Assim, a minha impressão bem forte era de que o que estava fazendo com o grupo de planejamento em Brasília não estava sendo percebido na agência em que eu tinha conta e muito provavelmente também nas demais agências do banco espalhadas pelo país.

Nessa mesma época, o meu livro *Administração Estratégica*, publicado pela Ática, tinha sido adotado pelo banco como leitura obrigatória na seleção de candidatos para determinados cargos e para promoção interna.

No meu período de estudos com o professor Igor Ansoff no European Institut for Advanced Studies in Management (EIASM) em Bruxelas, na Bélgica, ele era muito enfático em dizer que estratégia precisa ser percebida para ser eficaz. Estratégia sem ação e sem consequências torna-se um exercício intelectual e tem pouco efeito prático nas organizações. Tinha chegado à conclusão de que as reuniões de Brasília, não tendo sido percebidas nas agências do banco, não estavam sendo eficazes por falta de foco em prioridades presentes não detectadas. Focar nas prioridades é uma estratégia e pode ser tanto atacar uma dívida, reduzir uma fila, focar no treinamento do pessoal ou investir num novo produto, ou ainda mudar os processos. Por isso, quando voltei a Brasília, cristalizado o raciocínio de causar impacto na ponta, surgiu a ideia da descentralização do trabalho estratégico para as agências por intermédio das superintendências regionais, o que foi aceito.

A escolha de prioridades de impacto, como o treinamento dos funcionários para o bom atendimento do público e mecanismos para redução das filas e satisfação dos clientes, é uma forma de definição de estratégias urgentes e descentralizadas. Simultaneamente e em nível central, algumas medidas localizadas objetivaram melhoria dos negócios do banco e eram sugeridas pela equipe. Superada esta etapa e normalizados os atendimentos, então se poderia voltar a escolher novas prioridades estratégicas e a pensar em medidas de médio e longo prazo.

É preciso destacar o caráter do banco em sua relação com processos de criatividade de seus funcionários. Um dos lemas mais mencionados, e que tive de ouvir, foi "não balance o barco", o que significa não ser demasiado crítico, não ser criativo demais, não querer mudar o *status*, e assim por diante. Claro que esta filosofia representa um atraso em relação a modernas técnicas de gestão, pelas quais os funcionários são estimulados a inovar, a ser criativos e até revolucionários.

Houve uma época em que os recursos do Banco do Brasil estavam atrelados ao Tesouro Nacional. Desta forma, se faltassem recursos, era só apelar para o Tesouro que este cobria as faltas de caixa. Após este período, e já durante a minha atuação, o banco tinha obtido o desligamento de sua dependência e, mesmo estando a serviço do governo, devia ser eficiente e se manter por si mesmo.

O Banco do Brasil é uma das organizações mais antigas do país, com mais de 200 anos de existência (fundado em 1808). Teve a habilidade de mudar e se adaptar ao mundo em transformação durante todo esse tempo. Tanto o Banco do Brasil como o Banco Central têm suas sedes em Brasília, distante dos centros empresariais e das cidades de São Paulo e Rio de Janeiro.

Como crítico, tenho o dever de mencionar que constatei em Brasília muitas aberrações, algumas das quais estão mencionadas neste livro. Deixamos de aprender o que outros países fizeram para desenvolver o interior, com investimentos em infraestrutura, construindo ferrovias, hidrovias e rodovias. Levando energia elétrica, estimulando investimentos na região, com implantação de centros de tecnologia, construindo escolas e hospitais.

Os Estados Unidos e a Europa investiram pesadamente em ferrovias, que existem até hoje e que promoveram o desenvolvimento do interior, transportando a riqueza da produção para os centros consumidores. Em lugar disso, aqui se construiu uma cidade com prédios para os ministérios, que foram se multiplicando e crescendo com os anexos e número cada vez maior de funcionários e com os maiores salários do país.

Se tivesse sido mantido o governo no Rio de Janeiro, o próprio Rio teria tido um desenvolvimento melhor, o Palácio do Catete teria limitado o número de funcionários e não teríamos criado a monstruosidade burocrática que assola o desenvolvimento e cujo custo é pago pelo contribuinte. Fica assim registrado o desconforto de um elevado investimento em prédios, sem que tenha sido percebido a tempo que, apesar de a ideia parecer interessante, não foi previsto que lá se instalaria uma máquina sugadora de recursos dificultando o progresso.

A estratégia definida então para o Brasil pode ser vista como adequada, mesmo com as ponderações acima, mas faltou prever o que aconteceria com tanto espaço para crescer o número de funcionários, a máquina burocrática e o distanciamento da realidade numa espécie de ilha da fantasia. Portanto, a estratégia deixou de levar em conta os efeitos da construção de uma cidade onde não existia nada e faltou idealizar ou prever o futuro desta cidade e como ela se consolidaria.

 Lições que este caso nos fornece

1. A burocracia corporativa encontra sempre caminhos não muito aceitáveis para realizar os seus interesses. Mesmo que fazer um clube não seja da finalidade do Banco Central, terminou sendo realizado à revelia, usando-se subterfúgios.
2. Arquiteto prova que teoria (ser de esquerda) e prática (fazer prédio oneroso num país de carências) podem estar muito distantes.
3. Enquanto estratégia é uma operação ruidosa e de alto nível, é preciso em alguns casos deixar a teoria e os conceitos de lado e sair do mais alto nível para focar nas prioridades que se encontram na ponta, ou nas extremidades, onde o público-alvo se encontra. (Igor Ansoff mencionava que estratégia é como sexo de elefante, muito ruidosa e demorada para o elefantinho nascer.)
4. Para isso, é utilizado o relevamento para diagnóstico estratégico, composto de quatro quadrantes (ver livro *O Estrategista*, de minha autoria) e que se encontra neste livro mais adiante.

5. Com esta visão do prioritário, educação/treinamento e eliminação das filas podem ser atingidos focando nesses problemas e resolvendo com soluções simples.
6. Depois de resolvidas as questões escolhidas como urgentes e prioritárias, deve-se voltar novamente para a escolha de novas prioridades, como forma de avançar no caminho do desenvolvimento organizacional.
7. Estas novas prioridades podem estar numa política comercial mais agressiva, na busca de oportunidades em novos mercados e no lançamento de novos produtos. Também podem estar na consolidação da ação internacional do banco e na abertura de novas filiais ou até no fechamento de unidades de desempenho negativo. Sem esquecer o papel social do banco e sua importância para a economia como um todo.
8. Estratégia sem ação é um simples exercício intelectual sem consequências práticas (citando Ansoff).
9. Atacar as prioridades é uma forma de se fazer estratégia com resultados visíveis e solução de problemas.
10. Para a estratégia obter sucesso, é preciso ponderar sobre seus efeitos futuros.
11. Uma forma de evitar erros estratégicos é imitar experiências exitosas em outros países, o que não ocorreu (o conceito de *benchmarking*).

Este é um caso de sucesso de um banco longevo que demonstra que a estratégia deve ser iniciada onde é importante e impactante. Ela deve ser percebida e conduzir à ação, além de tomar o cuidado de ponderar sobre seus efeitos no médio e longo prazo.

Imprimerie Henri Studer

CASO 2

> "As estratégias somente adquirem força quando pessoas comprometidas as tratam com energia."
> – Philip Selznick

Situada na cidade de Genebra, na Suíça, a Imprimerie Henri Studer se dedicava principalmente à impressão de livros de arte em sistema *offset*. Esta empresa tinha um histórico de sucesso pela qualidade de seus livros, dedicados aos mais famosos pintores de todos os tempos. Além dos livros de arte, atendia também a demanda de empresas locais interessadas em impressão de materiais de qualidade, como folhetos de propaganda e impressos em geral.

As instalações gráficas da Imprimerie ficavam dentro da área urbana de Genebra e ela teria de se mudar para um centro industrial nas imediações da cidade, onde a Prefeitura pretendia obrigar que se instalassem todas as empresas poluidoras. O plano da Prefeitura era, para facilitar a mudança, entregar sem ônus uma área adequada para cada empresa por um prazo de 99 anos, após o qual ela passaria a ser a proprietária. Ou seja, após pelo menos duas gerações.

A Imprimerie foi convidada a ser uma das beneficiárias deste plano, mas deveria assumir o compromisso de construir o prédio e se instalar no novo local. Mas, para viabilizar esse compromisso, era necessário recorrer a financiamento bancário. Cabe destacar que os juros para empréstimos desta natureza na Suíça eram de 5% ao ano – aparentemente, portanto, de fácil, amortização –, como também tinham um período de carência, que era o tempo necessário para construir e se mudar.

O proprietário da Imprimerie tinha um amigo brasileiro, também dono de uma empresa importante no Brasil. E desta amizade surgiu um convite para o brasileiro participar com capital no empreendimento, com a condição de poder retirar-se assim que desejasse. Era uma participação minoritária, na forma de empréstimo pela amizade. Decorridos alguns anos, com a empresa já instalada e funcionando no novo local, o empresário brasileiro para o qual eu prestava serviços de consultoria me convidou a emitir um parecer sobre a Imprimerie. Passei uma semana na cidade de Genebra, hospedado no Hotel de La Paix, em frente ao Lago Léman, numa época de bastante frio, e frequentei a empresa diariamente para poder emitir o meu diagnóstico.

O principal motivo da mudança havia sido a emissão de gases produzidos pelas tintas no processo de impressão. Considerada empresa poluidora em área residencial, foi obrigada a se mudar. O novo prédio foi construído na medida para a finalidade – projetado sem luxo, porém funcional – e atendia plenamente às necessidades de produção com fluxo racional do processo.

No contato com o proprietário e o executivo financeiro, constatei que a estrutura da empresa era bastante enxuta, com operários altamente especializados, todos sindicalizados, com direitos trabalhistas e remuneração alta, conforme os padrões europeus. As restrições sindicais limitavam a flexibilidade no trato com os trabalhadores, e assisti ao proprietário operando máquina e imprimindo livros num fim de semana para evitar ter de pagar horas extras onerosas. Fiquei muito preocupado quando constatei que as margens eram muito estreitas, além das dificuldades de geração de caixa para enfrentar o período de amortização da dívida. Nessa primeira semana de visita, ainda vigorava o período de carência da dívida. No entanto, aparentemente, a sobrevivência era tranquila, com pagamentos em dia.

Na minha volta ao Brasil, relatei as impressões e preocupações ao empresário brasileiro. Disse-lhe que o risco da empresa com as amortizações que se avizinhavam era grande, devido à baixa geração de caixa. No entanto, e como ainda estava no período anterior às amortizações, poderia haver novas oportunidades, novos pedidos mais rentáveis e, assim, surgir a viabilidade e passar o período futuro sem atropelos. O executivo financeiro da empresa, com quem eu havia tido mais contato, não parecia preocupado. Argumentava que a empresa tinha bastante pedidos e que a margem baixa era característica do negócio.

Depois de aproximadamente um ano, voltei a Genebra para completar meu diagnóstico na nova realidade. Na produção de folheto e material promocional, a Imprimerie contava com um cliente importante, que fazia pedidos grandes e distribuía o material em várias línguas pelo mundo. Tratava-se do Fund of Funds, entidade suíça que tinha apresentado um plano interessante para aplicações financeiras em dólar. Essas aplicações rendiam juros de 10% ao ano na moeda forte e poderiam ser retiradas após dez anos com os juros contratados. Como se tratava de uma aplicação muito interessante, muitos executivos brasileiros também aderiram ao plano, fazendo aplicações mensais.

Como nos primeiros anos do plano só entrava dinheiro no caixa do fundo, o empreendedor dono da ideia se encontrou numa situação altamente confortável e passou a levar uma vida exagerada de luxo, gastando de maneira desordenada. Comprou um barco e depois um avião. Ele havia arrecadado uma importância considerável e, chegando o momento de atender à demanda por resgates de depositantes, entrou em insolvência e deixou de pagar as encomendas que tinha feito com a Imprimerie. Este importante cliente provocou impacto no caixa já minguado da empresa e as dificuldades para amortizar a dívida se avolumaram.

Conheci alguns executivos de empresas clientes minhas de consultoria que tinham aplicado recursos nesse fundo e perdido tudo. Eram valores mensais de 200 a 400 dólares. Eles se entusiasmaram sem avaliar os riscos, por se tratar de empresa de um país com características próprias e tradição para investimentos. Ninguém havia se preocupado em obter mais informações sobre a pessoa do fundador. Confesso que na época também tive vontade de participar, vendo que executivos de alto escalão o faziam, mas não o fiz por falta de oportunidade ou talvez por receio.

Analisando novamente o caixa da empresa, as perspectivas de negócios e a geração mínima de recursos para pagamento da dívida, percebi que não haveria chance de a empresa se manter funcionando sem precisar de um novo sócio capitalista ou de novos empréstimos, o que aumentaria os juros devido ao risco aumentado. Estaria entrando numa espiral sem saída até a declaração da insolvência.

Voltando ao Brasil, desaconselhei a continuação e o empresário brasileiro se retirou a tempo de salvar a sua modesta participação de empréstimo. Assistimos um tempo depois ao fechamento da empresa. Mesmo sem o percalço de o Fund of Funds ter deixado de pagar a sua dívida, o ônus de 5% de juros anuais sem inflação, com pressões sindicais fortes e com margens muito estreitas para comercializar seus produtos, ficou difícil para Imprimerie continuar no mercado. Somente teria sido recomendado captar recursos desde que seu custo fosse muito menor do que o retorno que seria atingido nas vendas.

 Lições que este caso nos fornece

1. Produto aceito e de alta qualidade não é suficiente para se obter margens sustentáveis.
2. Gestão enxuta também não garante sucesso quando as pressões sindicais e as condições de mercado são negativas.
3. Um cliente importante tornando-se insolvente pode ser o suficiente para provocar efeito dominó e desestabilizar seu fornecedor.
4. Cinco por cento de custo financeiro anual pode ser maior do que a vantagem gerada pelo investimento e ser a causa maior da descontinuidade.
5. Todos os fatores acima somados provocaram o fechamento da empresa.

Este é um caso de fracasso estratégico motivado por fatores alheiros à atividade e, principalmente, pelo custo financeiro de 5% ao ano.

Professor da USP

CASO 3

> *"A grande emoção do futuro é que podemos moldá-lo."*
> – Charles Handy

Este caso refere-se a um professor da Universidade de São Paulo (USP) que durante muitos anos foi consultor de grandes e médias empresas e organizações tanto familiares como multinacionais e estatais. Foi também palestrante no Palácio do Governo em Brasília e convidado para inúmeros seminários *in company*. A partir desta experiência, ele desenvolveu um curso denominado "Trilogia Estratégica", que era ministrado durante três semanas, num total de seis dias, nos melhores hotéis e salas de São Paulo.

Simultaneamente, o professor ministrava aulas na graduação, na pós--graduação e também nos programas de mestrado *lato sensu* da Fundação Instituto de Administração (FIA), ligada à Faculdade de Economia e Administração da Universidade de São Paulo (FEA-USP).

O programa Trilogia Estratégica era destinado a executivos e tinha também como convidados professores de famosas universidades, como Peter Lorange, do IMD, e Igor Ansoff, do EIASM. Como seu nome indica, o curso era composto de três módulos: o primeiro destinado a conceitos, o segundo sobre ferramentas e técnicas, e o terceiro módulo, com muitos exemplos, era destinado à implantação do projeto.

Como este programa vinha conseguindo muito sucesso, o professor e consultor, que já tinha visitado institutos de formação de executivos em vários locais no exterior, teve a ideia de criar um instituto semelhante ao Insead ou ao IMD no Brasil.

Inspirado nas instalações do Hotel El Mirador, no Mont Saint Pèlerin, perto de Lausanne, na Suíça, que ficava no topo de uma montanha e com uma vista maravilhosa, imaginou que o lugar ideal para o instituto seria também numa montanha no Brasil. Como era frequentador de Campos do Jordão, passou então a pesquisar uma área nesta localidade. Claro que no Mont Saint Pèlerin a vista é maravilhosa, com montanhas permanentemente nevadas e lagos embaixo. Além disso, as salas no hotel El Mirador foram projetadas pelo pessoal de Harvard na forma de anfiteatro, com toda a tecnologia e recursos especiais para fazer as projeções em PowerPoint.

No Brasil, o lugar nas montanhas seria sem neve e sem lagos, porém com vista também maravilhosa e o ar puro de Campos do Jordão. A ideia da montanha era por se tratar de lugar calmo e inspirador, propício para que os executivos que participariam dos programas do novo instituto pudessem meditar e desenvolver com muita calma novos planos. Após muita procura, que durou meses, foi encontrado um local de difícil acesso, situado a 1.650 metros de altitude e que somente era atingível por uma trilha no mato. Era uma área com 250 mil metros quadrados, de frente para um rio e rodeada de matas, mas o topo da montanha era sem vegetação, o que permitiria erguer o centro de estudos.

O professor ficou entusiasmado com a vista, que se estendia até Minas Gerais. Ele conseguiu comprar a área sem saber ainda como seria o acesso, uma vez que havia chegado lá pela trilha e tinha sido apenas informado de que parte era limítrofe com o rio, que acompanhava a estrada que ia até o Horto Florestal e fazia parte da reserva florestal do Estado. Estava confiante de que seria possível construir uma ponte e uma via de acesso até o topo da montanha. Confiava também que conseguiria apoio das empresas clientes de consultoria para levar o projeto em frente. Aí se impunham então duas tarefas simultâneas: de um lado, pesquisar a viabilidade da ponte e da via de acesso, e, de outro, elaborar um pré-projeto do que pretendia fazer no local.

Após consulta a uma empresa de engenharia e conhecer outras pontes existentes no percurso entre a Vila de Capivari e a área adquirida, optou-se por uma ponte de madeira com laterais de pedra amarrada. A construção foi demorada, pois foi necessário obter toras grossas de árvore de 15 metros de comprimento, madeira que durasse pelo menos 15 anos. O professor era também consultor de uma empresa fabricante de papel e celulose no Vale do Paraíba, não muito longe de Campos do Jordão, que utilizava madeira para fabricação de celulose. Relatado o caso, o proprietário da empresa, Nelton de Zorzi, imediatamente colocou à disposição as toras necessárias, assim como o transporte até o local da ponte. Isto foi de grande auxílio e a ponte foi concluída com um churrasco, que contou com a presença do prefeito da cidade, que era o proprietário da empresa de engenharia contratada.

Um desenho rudimentar da via de acesso foi elaborado pela arquiteta Marília Richieri, com auxílio do agrimensor Carlos Wagner. Na construção da via, procurou-se evitar declives muito elevados para facilitar o acesso até a parte mais alta do local, que ficava a 150 metros acima do nível da entrada e do rio. A obra contou com a orientação do engenheiro Luiz Cezário Richieri, tomando o cuidado de manter a viabilidade de movimentação de veículos com curvas não exageradamente perigosas e níveis aceitáveis de elevação para o trânsito de veículos.

Com o auxílio da arquiteta, foi então elaborado o pré-projeto de construção de um prédio com área de 1.500 metros quadrados, compondo salas de aula na forma de anfiteatro, auditório e espaços para administração. A inspiração para as salas de aula foi resultado das visitas efetuadas na Europa, especialmente ao Hotel El Mirador, cujo projeto, como disse anteriormente, foi elaborado por técnicos de Harvard.

O custo da obra, para uma etapa inicial, estava estimado em 1,5 milhão de dólares, e seria dividido entre dez empresas que seriam convidadas para serem sócias do empreendimento e que teriam o espaço para utilizar em seus programas de formação de executivos. O professor participaria com 15% no projeto com recursos próprios, num aporte de aproximadamente 230 mil dólares.

O plano era a realização no instituto de programas anuais de formação para executivos com reciclagem em temas sempre de atualidade e, ao mesmo tempo, permitir que as empresas realizassem eventos próprios em área cedida para essa finalidade.

Assim que as obras da ponte e da abertura da via de acesso foram concluídas e visualizando o instituto no topo da montanha, achamos que seria oportuno iniciar contatos para viabilizar o empreendimento idealizado.

Começaram então os contatos com os empresários clientes da consultoria do professor. Empresários de contato frequente e com os quais se mantinha ótimo relacionamento.

A imagem do professor e consultor era de um prestador de serviços, e não de um empreendedor que assume riscos por conta própria. Teria sido a primeira vez do professor atuando como empreendedor numa iniciativa pessoal. As primeiras entrevistas com empresários foram desalentadoras.

O primeiro consultado foi o presidente de uma das maiores empresas de autopeças do país na época. Tratava-se de José Mindlin, da Metal Leve. Sua reação foi a de que se avançasse mais na elaboração do projeto e, quando o professor estivesse com tudo pronto, voltasse a falar com ele. Seria impossível o professor empreender sozinho e correr o risco de não ter apoio sem a concordância, mesmo que verbal, de parceiros. Pelo seu excelente contato com o empresário Mindlin, o professor esperava uma posição mais animadora.

O segundo entrevistado foi o presidente de uma das maiores empresas de papel e celulose do país, a Klabin. Este perguntou se o empreendimento seria sem fins lucrativos, e disse que somente apoiaria assim fosse. Como a intenção era criar uma empresa no modelo do IMD, o professor respondeu explicando como funciona um instituto desta natureza e que este tinha, sim, finalidade de lucro, apesar de não ser a finalidade principal, que era criar um espaço para formação de executivos.

O terceiro entrevistado era proprietário de um grupo familiar importante com atividades diversificadas e falou para o professor: "Você tem sucesso como nosso assistente e consultor, não deve tomar a iniciativa de empreender um projeto sozinho e não temos ninguém da família para ajudá-lo".

Após essas três reuniões com pessoas que considerava poderem ser parceiras do projeto e que seriam referência na busca de outros empresários, o professor perdeu o ânimo de continuar com o projeto e voltou a Campos do Jordão com o propósito firme de vender a área adquirida com as obras já feitas. O corretor que lhe tinha vendido a área relutou em aceitar a encomenda de voltar a vender e, contra o seu interesse, recomendou que ficasse com a área para empreender uma atividade imobiliária. Fazer um condomínio de casas seria também impossível pela necessidade de elevado montante de recursos. No entanto, vender unidades autônomas de terrenos não exigiria muito capital.

A arquiteta Marília, que já tinha ajudado desde o início, foi consultada e sugeriu, primeiramente, que fosse feito um levantamento topográfico detalhado de toda a área, indicando quais eram as áreas de mata e as de campo. Esse levantamento, que demorou alguns meses, foi elaborado por um conceituado topógrafo da região. Logo depois de concluído, foi então apresentado para a arquiteta pensar no projeto a ser elaborado.

O professor nunca tinha feito algo parecido e a ideia de dividir a área em lotes para executar um projeto imobiliário não era de seu agrado. Especialmente por se tratar de área de preservação ambiental. A primeira proposta da arquiteta foi dividir a área em dez espaços de 25 mil metros quadrados cada um, que seriam vendidos como sítios, sem precisar de autorização ambiental, o que seria com facilidade aprovado pela prefeitura.

Esta forma de divisão significava que áreas verdes e áreas de matas indistintamente seriam distribuídas e muito possivelmente as matas seriam prejudicadas no futuro. O professor recusou o primeiro projeto e a arquiteta passou a pensar num projeto ecológico que preservasse todas as áreas verdes, que fossem utilizadas somente as áreas de campo. Com esta ideia, o professor ficou satisfeito e voltou a falar com a arquiteta Marília, encomendando a elaboração do projeto. Este foi elaborado em seus detalhes para atender às exigências legais e para ser encaminhado aos órgãos da prefeitura responsáveis pela aprovação.

Conhecedora das intenções de preservar as áreas verdes, a prefeitura de Campos de Jordão não demorou em dar seu aval ao projeto. Mas os outros organismos, coordenados pelo Graprohab, envolvidos na aprovação final do projeto de um condomínio, demoraram mais de cinco anos para aprovar.

Tratou-se de duas glebas de aproximadamente 125 mil metros quadrados cada uma, sendo a primeira com 49 unidades e a segunda com 28 unidades maiores. A maioria das unidades da gleba A seria de 600 até 1.200 metros quadrados e as unidades da gleba B de 1.000 até 1.600 metros quadrados. Três unidades eram de mais de 3.000 metros quadrados.

Desde o início, o professor contou com a adesão de compradores que gostaram da ideia do condomínio num lugar retirado, sossegado, com mais da metade das áreas preservadas de matas intocáveis.

Apesar de Campos do Jordão ter problema de falta de água em regiões como a que tinha sido adquirida, esta área dispunha de duas bicas de água natural da montanha com nascentes com boa quantidade de vertente e que poderiam ser canalizadas em parte por gravidade. As obras para montar a infraestrutura, que incluíam caixas d'água, canalização da água das fontes até cada unidade, a construção da área de lazer com quatro quadras para esporte, sendo duas de tênis e duas poliesportivas, o asfalto nas ruas e a eletrificação de toda a área, além de parquinho para crianças e quiosques com churrasqueiras na área comum, foram executadas em parte com recursos próprios e, em outra parte, por meio de parcerias com terceiros em troca de unidades.

Quando comecei a escrever este relato, o professor me informou que as 72 unidades do condomínio estavam vendidas e que 47 casas já tinham sido construídas, com toda a documentação regularizada e registrada no Cartório de Registro de Imóveis da cidade. Quatro unidades foram doadas a cada um dos filhos do professor e ele tinha construído a sua casa de campo numa área de 3.150 metros quadrados no topo da montanha, que era o lugar que tinha sido originalmente destinado ao instituto. No total, eram 77 unidades nas duas glebas.

Infelizmente, ou felizmente, a ideia original de se fazer um centro de estudos tipo IMD ou INSEAD não foi concretizada, mas no seu lugar foi possível construir um condomínio de casas num local muito agradável e ecologicamente sustentável, com nascentes de água pura da montanha.

 Lições que este caso nos fornece

1. Existem estratégias deliberadas e estratégias emergentes.
2. As estratégias emergentes podem ser mais importantes que as deliberadas e é preciso prestar atenção para elas.
3. Elaborar estratégia é como arquitetar, segundo Gary Hamel e C.K Prahalad. É preciso imaginar, idealizar, sonhar, desenhar e construir a ponte e as ruas, assim como posteriormente toda a infraestrutura.
4. A viabilização financeira tem múltiplos caminhos, e o escolhido foi de várias parcerias que tornaram possível o empreendimento quando as pessoas achavam que era demais para o professor fazer isto sozinho.

5. Como a aposentadoria de um professor de tempo parcial não permite uma vida confortável, os recursos da venda do condomínio significaram para o professor uma aposentadoria complementar bem-vinda.
6. Difícil avaliar o que teria sido melhor: o instituto ou o condomínio, mas o realizável foi o último e o professor aproveitou a oportunidade emergente.

Este é um caso de sucesso na aplicação de estratégias emergentes.

Diversões

CASO 4

> *"Um bom estrategista deve conhecer as regras ou princípios estratégicos. Deve também esquecer as regras e incorporar uma atitude de ação estratégica."*
> – AL RIES E JACK TROUT EM *MARKETING DE GUERRA*

São Paulo é uma grande metrópole que não dispõe, para o lazer, de praias de neve para esquiar, de montanhas e nem de muitos parques verdes. Uma cidade carente, portanto, de opções de lazer. Diante desta realidade, dois sócios empreendedores e jovens tiveram a ideia de preencher em parte essa lacuna com a criação de um parque de diversões. Detectada a demanda, eles partiram para um pequeno empreendimento, com dois equipamentos, num terreno ao lado de casas de moradores na região dos Jardins. E logo grandes filas de pessoas se formavam para usufruir das diversões que eram apresentadas, tanto para crianças como para adultos.

Cabe destacar que os sócios se complementavam muito bem, sendo um empreendedor e gestor e o outro aficionado em operar, uma vez que tinha sido durante anos mecânico de automóveis, na sua época importados, de câmbio automático, numa oficina famosa pela qualidade de seus serviços e pela ordem e limpeza. Era a oficina 4 Azes, situada na rua Oscar Freire. Ambos os sócios eram inteligentes e empreendedores e logo decidiram ampliar o negócio, instalando o parque em local maior, mesmo que afastado, em áreas de diversos proprietários, em regime de aluguel.

Na medida em que os recursos permitiram, eles fizeram viagens ao exterior para visitar feiras especializadas e comprar novos equipamentos de diversão, para atender o número de frequentadores que não parava de aumentar. Pelo fato de o parque funcionar totalmente ao ar livre, o movimento era prejudicado. Para reduzir esta perda, assim que os recursos permitiram, uma parte do terreno ocupado pelo parque, cerca de um terço da área, foi coberta.

Acompanhei desde o início a criação e o desenvolvimento do parque e a minha recomendação, numa época de alta rentabilidade, era de que eles adquirissem os terrenos. Isto acabou não acontecendo, em parte devido à intransigência dos proprietários dos imóveis, em parte pelo desejo de seguirem expandindo, usando os recursos para novas atrações em lugar de imobilizar o capital na propriedade. Esta foi sempre uma estratégia de alto risco, tendo em vista que, pelo elevado valor dos equipamentos importados, em certo momento foi preciso até darem em garantia os bens pessoais.

Com o tempo, as áreas ocupadas foram se valorizando e os aluguéis aumentando. As negociações com os proprietários foram sempre difíceis, porque representavam diversos grupos familiares. A atividade foi crescendo e, como atendia a um público numeroso, criou-se uma fonte adicional de recursos mediante a outorga de espaço para anunciantes. Também a venda antecipada de ingressos ao parque foi uma forma de receita, independentemente das condições climáticas. Tratava-se de um passaporte, criação de Fernando Elimilek, que era o responsável pelo marketing do negócio. Este produto seria vendido antecipadamente em escolas a preço convidativo, garantindo assim receita, mesmo que chovesse.

Em poucos anos, o negócio se tornou muito importante, diversificando operações de lazer que vinham de encontro para atender à carência da metrópole. Uma das formas de diversificação dentro do setor de diversões (diversificação relacionada) foi levar diversões ao interior e a outras capitais do país, por meio de uma unidade móvel, que também foi um sucesso de bilheteria.

Serviços adicionais terceirizados foram oferecidos aos frequentadores, como praça de alimentação e também instalações para descanso, com sanitários. Equipamentos de toda espécie foram sendo incorporados, aumentando assim a oferta de opções e o movimento de frequentadores, normalmente intensificado nas férias escolares e também nos fins de semana. Além disso, eram aproveitadas ocasiões especiais para criar eventos específicos, como o relacionado ao Dia das Bruxas, com atrações especiais.

Decorridos mais de vinte anos, os equipamentos e instalações foram ficando cada vez mais velhos e, como ocorre com os automóveis velhos, os custos de manutenção foram ficando cada vez maiores. A idade dos sócios também foi aumentando e as perspectivas de futuro mudando, o que provocou num dos sócios o desejo de se retirar da sociedade ou vender o negócio.

Não havendo o mesmo interesse do outro sócio, foram surgindo desavenças entre eles. De início, o conflito não foi percebido pela maioria dos funcionários, tão somente pelas assistências diretas. Mas aos poucos, à medida que este conflito foi se tornando maior e percebido em toda a empresa, com adesões para um e outro lado, o acirramento das relações passou a interferir no funcionamento da empresa.

Ficou impossível a intervenção de uma terceira parte para tentar um apaziguamento, pela cristalização das posições. E, como ocorre quando conflitos não são resolvidos, em certo momento aconteceu a separação com um acordo para o sócio inquieto deixar a atividade.

Devido ao desentendimento entre os sócios, houve durante certo tempo estagnação de novas inversões e isso provocou uma queda gradativa na arrecadação. O sócio remanescente continuou com a área de diversões e procurou outros parceiros para acompanhá-lo na jornada.

Como relatei no início, a dependência do aluguel de diversos proprietários foi aumentando e o valor imobiliário da área ocupada se tornou tão expressivo que, mesmo com aluguel elevado, as ofertas imobiliárias obrigaram a empresa a ter de sair do local. Era impossível encontrar na metrópole outra área semelhante e, assim, a empresa foi obrigada a encerrar suas atividades, deixando saudades em muitas pessoas que se beneficiavam das diversões oferecidas.

Fato importante a destacar neste caso, que foi de conflito aberto entre os sócios, é que o sócio retirante do negócio, tendo vendido a sua parte, ficou com uma posição confortável de liquidez, porém sem saber como aplicar os recursos da melhor forma. Entrar em um novo empreendimento não era do seu interesse, devido à idade. Pensando numa forma de aposentadoria, as opções estavam em aplicar no mercado financeiro ou no mercado de ações. Apesar de ser homem de negócios, o retirante foi ludibriado por um advogado inescrupuloso, que o aconselhou a fazer empréstimos vultosos numa operação com altos interesses, porém sem garantias reais e, assim, de elevado risco.

Os beneficiados pelos empréstimos nunca amortizaram a dívida e também nunca pagaram os interesses prometidos. Como não existiam garantias reais, os valores aplicados foram simplesmente perdidos. Desta forma, boa parte do que tinha recebido ao se retirar da empresa foi dilapidada nas operações financeiras, sem ter se orientado adequadamente, sem ter estudado alternativas mais seguras e sem desconfiar das intenções do advogado, que depois se provou ter sido um dos beneficiados da operação. Todo o conflito era para sair bem do negócio, o que foi conseguido, para logo depois perder boa parte do conquistado sem ter tomado as precauções normalmente usuais.

 Lições que este caso nos fornece

1. Do ponto de vista estratégico, este é um caso muito especial de diferenciação, fazendo algo que ninguém tinha feito até então. É muito difícil encontrar um nicho de mercado virgem e ainda não descoberto.
2. Segundo Michael Porter, a diferenciação, desde que aceita, é sinônimo de alto rendimento e sucesso, o que realmente ocorreu.
3. Perceber a falta de lazer na cidade e vir a supri-la foi uma estratégia de diferenciação que obteve resultados muito interessantes.
4. A criatividade foi outro componente importante do empreendimento, com um setor e marketing especializado e competente na figura do responsável por esta área.
5. Outro fator do sucesso foi investir em tecnologia para a segurança das pessoas durante as atividades de lazer.
6. No entanto, conflitos não resolvidos podem terminar com um negócio de sucesso (ver *Konfliktmanagement* – Gerenciamento de conflitos, por Friedrich Glasl).
7. Estratégia não é importante somente para a empresa. Também é importante usá-la para os movimentos pessoais, para planejar o futuro, se assessorar com pessoas de confiança e evitar as ameaças que rondam pessoas bem-sucedidas.

8. Sucesso no negócio é muito diferente do que desenvolvimento e sucesso pessoal. Cada vez mais, estratégia, assim como outros conceitos aplicáveis a organizações, é utilizada em autoajuda na vida das pessoas. Na Universidade de Stanford, a disciplina mais popular entre alunos é *Designing your Life*, ministrada pelos professores Bill Burnett e Dave Evans.

9. Por último, tenho a certeza de que, se tivessem adquirido os terrenos alugados quando era possível, a valorização dos imóveis teria sido muito maior do que o resultado das operações durante todos os anos de atividade.

Este é um caso de estratégias bem-sucedidas nos negócios e de falha na estratégia pessoal.

Grupo Votorantim

CASO 5

> *"Se eu fosse o condutor do mundo, a primeira coisa que faria seria fixar o sentido das palavras, porque ação segue definição".*
> – Confúcio

Importante grupo familiar com atividades diversificadas e espalhadas pelo país, com tradição empresarial/industrial e que tem sido frequentemente citado como exemplo empreendedor, a Votorantim se encontrava na terceira geração e tinha o dilema de como dar continuidade aos negócios garantindo o futuro familiar com um número cada vez maior membros da família.

Mesmo em épocas de crise, com o país em recessão, o grupo continuou a ser bem-sucedido em suas atividades. Quais seriam os motivos deste sucesso ao longo do tempo? A visão dos fundadores foi atender carências em setores como a indústria química, substituindo importados; em metalurgia, atendendo carência da indústria nacional; e em material para construção, atendendo défct habitacional num país em grande desenvolvimento.

O investimento contínuo e a confiança no crescimento e no futuro fizeram deste um dos grupos mais importantes do Brasil. Mas não foi somente a visão empreendedora que levou o grupo ao patamar atingido. Tem contribuído fortemente a formação de uma terceira geração de executivos dedicados ao trabalho e que acredita no esforço e dedicação para o sucesso. Isto foi parte da cultura do grupo de prestigiar e educar os herdeiros para manter a tradição de dedicação, pontualidade e disciplina e de dar exemplo a seus inúmeros diretores, gerentes e funcionários. A terceira geração foi educada para intensa dedicação ao trabalho.

O grupo estava dividido em vários centros de interesse dirigidos por familiares, porém todos eram partícipes de todos os negócios. Na medida em que a segunda geração estava se tornando mais idosa, havia necessidade de se preparar os jovens para os postos de comando. Então, decidiu-se pela formação de um conselho da terceira geração, que elaboraria a estratégia do grupo para o futuro. Neste conselho, estavam representados os interesses de todos os familiares. Eram quatro consórcios e cada um indicou dois membros. Assim o novo conselho da terceira geração era de oito membros. Fui convidado por esses jovens para assessorar na elaboração do plano de futuro e para auxiliar na sucessão para um processo de profissionalização.

Várias viagens foram necessárias para conhecer e entender o funcionamento das empresas deste grupo diversificado, que eram realizadas no jato para sete pessoas da empresa. Confesso que nessas viagens em avião pequeno as minhas mãos ficavam suadas.

Da atividade com os oito membros da terceira geração surgiram convites para assessoria em várias empresas do grupo, colaborando com os diretores na solução de prioridades detectadas como estratégicas.

Numa das empresas e antes do encontro estratégico, solicitei conhecer as instalações dos escritórios administrativos que estavam sediados num prédio central que outrora tinha sido um hotel. O membro da terceira geração, que era o dirigente, quis ir junto nessa visita a este prédio, onde trabalhavam aproximadamente 400 funcionários. Iniciamos a visita juntos, às 9 horas da manhã, pelo último andar e fomos ver as salas, que eram antigos quartos de hotel, onde trabalhavam os funcionários. Entramos na primeira sala e encontramos um pequeno grupo lendo jornal e conversando; na segunda sala, encontramos dois funcionários tomando cafezinho; na terceira, encontramos a entrada fechada. Batendo na porta, uma advogada abriu e se desculpou dizendo que mantinha a porta fechada por ter medo de ser assaltada. Seguimos pelo prédio todo numa visita que durou quase duas horas. Em cada lugar parávamos para conversar com os funcionários. Terminada a visita, não fizemos comentários. Tinha sido mentalmente registrado o que vimos.

Pouco tempo depois, metade dos funcionários havia sido transferida para a unidade fabril mais próxima, onde existia uma área disponível com espaço para todos se instalarem em local moderno. A outra metade tinha ficado no prédio por pertencer a outras divisões alocadas a outros diretores. Esta atitude pode ser considerada como aplicação do *Mindset* de crescimento (ver Carol S. Dweck, *Mindset: A nova psicologia de sucesso*).

Esta foi uma demonstração de como os jovens da terceira geração encaram com rapidez e firmeza ações para melhorar o desempenho do grupo. Tínhamos sessões estratégicas fora do ambiente diário de trabalho. Uma das preocupações detectada estava relacionada com a entrada de novos competidores. Na defesa das posições conquistadas de participação de mercado, a estratégia era de defesa forte, como líderes. Para isso, investia-se em capacidade e em tecnologia.

Nesse encontro, tinha me sido solicitado pensar com eles numa estrutura para grupo para os próximos dez anos. Assim que definimos alguns aspectos, eles se apressaram em implantar logo. Outra estratégia definida foi desmobilizar negócios que tinham se tornado desinteressantes para o grupo e nos quais existiam causas emotivas para sua continuidade, por terem sido parte do começo do grupo. Negócios que operavam valores menores do que um mínimo estipulado não seriam considerados para a entrada no grupo. O fortalecimento e crescimento dos negócios existentes foi a bandeira das estratégias de crescimento ou diversificação.

Muitos projetos de crescimento da capacidade instalada estavam em andamento, assim como projetos para aumentar a participação em negócios mais recentes, nos quais o grupo acreditava para o futuro, por contar com forte participação industrial exportadora.

Foi muito prazeroso trabalhar com este grupo de jovens educados e disciplinados, que chegavam pontualmente a seus compromissos e tinham integral dedicação e profissionalismo na empresa. Era com firmeza e dedicação em ação rápida que os assuntos eram tratados e resolvidos.

A profissionalização de muitas das direções do grupo já se encontrava em andamento e uma forma encontrada de assegurar o contínuo sucesso era, sem dúvida, colocar em lugares-chave profissionais competentes e conhecedores de cada um dos ramos de negócio. Isto foi feito a posterior de minha consultoria.

Lições que este caso nos fornece

1. Para ser líder de mercado, é preciso adotar estratégia de defesa forte das posições conquistadas, uma vez que novos competidores podem surgir.
2. Formação pessoal e profissional foi a característica da nova geração entrante.
3. O ditado de "pai rico, filho nobre e neto pobre" não se aplica a este grupo, que soube passar de uma geração a outra de forma competente.
4. É possível manter a família controlando todos os negócios e, ao mesmo tempo, colocar profissionais em lugares-chave.
5. O encaminhamento do processo sucessório foi feito pela segunda geração, permitindo gradativa introdução dos jovens.
6. Desmobilizar negócios que se tornaram desinteressantes exige desprendimento, o que foi feito no grupo no momento oportuno. Neste caso, a estratégia foi sair de negócios que deixaram de ser interessantes e importantes para se dedicar a crescer nos mercados mais promissores.
7. Colocar valores limites para entrada e saída de negócios é uma forma de concentrar esforços em tamanhos e potenciais de interesse para o grupo.
8. Limitar o número de familiares entrando na gestão, em partes iguais para cada grupo, foi uma forma encontrada de evitar gerar simplesmente empregos para a família.
9. As participações acionárias e os lucros distribuídos atenderiam aos descendentes de forma igualitária.

Este é um caso de amplo sucesso e liderança de mercado com vantagem competitiva e forte defesa da posição atingida.

PAUSA PARA MEDITAÇÃO

Certa ocasião, dois amigos se encontraram e, na conversa informal, um deles questiona o outro sobre o que é esse tema tão comentado de que é importante se fazer estratégia. "Você pode me explicar em que consiste se fazer estratégia?", perguntou um deles.

O amigo responde: "Não é muito fácil explicar, mas vou tentar". E disse: "Imagina que você toma a decisão de criar galinhas no seu sítio, e começa com poucas galinhas, adquiridas com pintinhos e as faz crescer. Aos poucos, deixa chocar os ovos e nascem novos pintinhos, que com boa alimentação crescem e produzem ovos que são chocados e vai aumentando o seu plantel. Aos poucos constrói uma instalação apropriada e compra incubadeiras para aumentar o número de galinhas, até atingir mil unidades. Continua com o processo de crescimento do plantel e, sem grande investimento adicional, mas com muita dedicação e ajuda de empregados, atinge um número de 30 mil unidades. Fica muito satisfeito com o trabalho feito e com a decisão adotada de aumentar a criação. Mas uma chuva torrencial de vários dias inunda o seu sítio e a maior parte das galinhas morre afogada. Isso é estratégia!

Surpreso, o outro amigo questiona: "Mas como eu fiz tudo certo e no fim perdi o meu trabalho e esforço? Isso é estratégia?". Ao que o outro responde: "Ao fazer estratégia, é preciso analisar todos os fatores envolvidos. Nesse local baixo e sujeito a inundações, você devia ter criado patos!".

Ministério de Economia da Argentina

CASO 6

> *"Nosso desejo é alguém que nos inspire a
> ser o que sabemos que podemos ser."*
> – Ralph Waldo Emerson

O Ministério da Economia da Argentina, nos primeiros anos da década de 1980, no governo de Raul Alfonsin, foi ocupado por Bernardo Grinspun. Eu o conheci antes de ser designado ministro, como empresário e um dos dirigentes de várias empresas no país vizinho. Uma das empresas era de um cartão de crédito de ação limitada e a outra, uma indústria de pesca sediada em Mar Del Plata. Na ocasião, ele e seu grupo negociaram a compra de um frigorífico com distribuição de peixe em São Paulo. Ele me procurou, por alguma indicação, para assessorar e acompanhar a operação.

Seus executivos e ele decidiram, lá na Argentina, que a transferência do comando do antigo proprietário para os novos sócios seria conduzida por um jovem engenheiro argentino nomeado como procurador e com plenos poderes. Este jovem engenheiro passou então a residir em São Paulo. Era um rapaz solteiro e sem compromissos, vindo a assumir e desempenhar suas funções durante o período de transição junto ao dono anterior da empresa. A fim de incrementar as vendas, o novo dirigente, recentemente nomeado, procurou crescer com o negócio de acordo com os argentinos.

Novas remessas de peixe foram encomendadas à empresa-mãe, localizada em Mar Del Plata, e estocadas nas câmaras frigoríficas existentes em São Paulo. Desta forma, aumentou a comercialização. Cerca de um milhão de dólares em peixe foi enviado em pouco tempo, ficando sob a responsabilidade do antigo proprietário e do jovem engenheiro. Antes de isso acontecer, Grinspun tinha vindo ao meu escritório em São Paulo, na Avenida Paulista, e me solicitou se poderia acompanhar o negócio e reportar a ele o andamento.

Desde os primeiros dias, fui mal recebido pelo antigo proprietário e também pelo jovem engenheiro. Imediatamente informei ao Dr. Grinspun que algo desconhecido estaria acontecendo e que deveria tomar alguma providência, porque eu não tinha acesso aos dados sobre vendas e nem a parte financeira, e o engenheiro atuava como proprietário do negócio sem dar satisfação de seus atos. Para verificar o que estava acontecendo, os argentinos enviaram dois auditores ao Brasil, que se instalaram na empresa e iniciaram a verificação das operações. Logo se descobriu que o engenheiro e o antigo proprietário estavam mancomunados, subtraindo os recursos gerados pelas vendas.

Como a empresa estava no nome do engenheiro, o antigo proprietário chamou a polícia, que deteve os dois enviados da Argentina por invasão de propriedade e sem nenhum documento que provasse a relação deles com a empresa argentina. Os dois ficaram presos por 24 horas, e com a intervenção de um advogado amigo, conseguimos que fossem libertados. Assustados com o ocorrido, eles foram direto ao hotel retirar seus pertences e se dirigiram ao aeroporto de volta para Buenos Aires. Este é um caso de atribuição de poder a pessoa não merecedora de confiança. Foi lamentável a perda dos recursos do investimento feito em mercadorias, de forma abusada, e apropriadas por pessoas desonestas.

Na época, Grinspun era ativista e membro do Partido União Cívica Radical, partido este que era forte candidato a ganhar as eleições presidenciais na República Argentina com Raul Alfonsin como candidato. Alfonsin foi vitorioso e logo depois formou o seu gabinete ministerial, nomeando Grinspun para o importante cargo de ministro da Economia. Grinspun foi líder estudantil, economista militante no Partido União Cívica Radical e fundador do movimento de Renovação e Mudança. Numa anedota de seu período como ministro, relata-se que numa ocasião em que estava negociando com representante do Fundo Monetário Internacional (FMI), perguntou: "Você quer que eu baixe as calças?". E literalmente se virou e baixou as calças.

Pelo contato tido anteriormente e visualizando a oportunidade de uma nova aprendizagem, ofereci meus serviços de consultoria ao ministro Grinspun, o que ele aceitou de imediato. Desta forma, realizei várias viagens a Buenos Aires. Grinspun já era ministro fazia alguns meses e possuía em sua assessoria um grupo de imediatos de aproximadamente vinte pessoas designadas por ele para as principais funções do ministério. Uma delas era um filho do ministro, responsável por um alto cargo ligado a convênios internacionais, entre eles com o próprio FMI.

No intuito de promover ação coordenada e elaborar uma estratégia de médio prazo, promovi uma reunião de trabalho desta equipe. Grande foi a minha surpresa ao constatar que as pessoas não se conheciam. Cada uma despachava direto com o ministro sem conhecer as ações dos outros componentes da equipe. Com relação aos encontros com o próprio ministro, outra surpresa: ele não acreditava que o país estava vivendo alta inflação e atribuía à ação dos inimigos do radicalismo, especialmente os peronistas, as notícias e índices publicados. No entanto, durante os quinze meses de sua gestão, a inflação atingiu 626%.

Outro fato que chamou a minha atenção como pitoresco foi que a maioria dos funcionários do ministério era peronista. Eles frequentemente faziam greves, não serviam ao ministro e deixavam o elevador sem funcionar, obrigando Grinspun a subir as escadas até o seu gabinete.

Infelizmente, a minha atuação não foi longa. Alfonsín não concluiu seu mandato e Grinspun deixou logo o cargo pelo fracasso de seu plano econômico. Não houve tempo para uma intervenção com resultados maiores, mas para mim foi uma aprendizagem importante, de certa forma semelhante à vivenciada como assessor na Secretaria da Receita Federal no Brasil, por esta ser quase um ministério, se bem que muito diferente.

Lições que este caso nos fornece

1. Alta qualidade pessoal como economista e político não garante o sucesso de seu plano econômico.
2. Assim como o professor, o consultor sempre utiliza suas intervenções para apreender.
3. Na política, tudo é possível, até não ver a realidade, sendo rodeado por pessoas que falam o que quer ouvir e não a verdade.
4. Confiar em pessoas desonestas demonstra falta de sensibilidade e pouca cautela nos negócios.
5. Gestão política pode ficar protegida da realidade e não perceber o que ocorre na sua volta.
6. O estilo de gestão afeta profundamente o resultado. Quando não é participativo e não exerce liderança, os subalternos ficam sem rumo.
7. Elaborar estratégias de médio prazo exige continuidade e leva tempo. A falta de estratégias de médio prazo conduz ao fracasso da gestão.

Este é um caso de fracasso de gestão no governo, entre outros motivos, por falta de uma estratégia coerente de médio prazo.

Receita Federal do Brasil

CASO 7

> *"Como nada pode ser provado sobre o futuro, sempre é possível pôr de lado até os mais ameaçadores problemas, alegando que alguma coisa surgirá."*
> – E. F. SCHUMACHER EM O NEGÓCIO É SER PEQUENO

Conheci o Dr. Guilherme Quintanilha de Almeida, ex-secretário da Receita Federal do Brasil, por ter realizado trabalho de assessoria na Fundição Tupy na cidade de Joinville (SC). O Dr. Guilherme era membro do Conselho de Administração da empresa, que debatia a estratégia de futuro do grupo familiar que detinha o controle das empresas do grupo. Isto tão somente para dizer como tive o prazer de conhecer esta excelente pessoa. Quando o empresário Dilson Funaro foi nomeado ministro da Fazenda, no governo de José Sarney, o Dr. Guilherme foi designado secretário da Receita Federal e logo depois me convidou para assessorá-lo, o que me levou a fazer diversas peregrinações a Brasília. Nessa época, o governo federal tinha lançado um programa de redução de gastos sob o nome de Reforma Administrativa. Chegando ao ministério onde trabalhava o Dr. Guilherme, tive oportunidade de ver no local a "tal reforma".

Estávamos junto com um grupo de pessoas esperando o elevador quando percebemos que não havia ascensorista e nos perguntamos: será que a reforma está funcionando? A porta fechava sem controle e dificultava o acesso. Quando chegamos ao nosso andar, constatamos que havia sido criada uma nova função: a de recepcionista de andar, com uma escrivaninha e cadeira e lendo revistinha. Eram as ascensoristas que foram transferidas para nova atividade, a de indicar as salas para os visitantes. Antes de conseguir chegar ao gabinete do secretário, deparei com um grupo estranho de pessoas na saleta do cafezinho. Perguntando o que estava acontecendo, a resposta foi imediata: esses são os antigos motoristas, que estão ajudando a servir café, porque, para reduzir gastos, dos 1.500 carros alocados nos ministérios, 750 foram colocados à venda e vendidos rapidamente. Na realidade, eram 650, pois 100 não foram mais localizados porque tinham sido destinados a outros órgãos. Os motoristas estavam sem carros e, não sendo possível demiti-los pela lei da estabilidade no funcionalismo público, tinham uma nova função: perambular pelos corredores e servir cafezinho.

Uma primeira tarefa que me foi solicitada pelo Dr. Guilherme foi a de visitar a Escola Superior de Administração Fazendária (Esaf), ligada à Receita Federal e responsável pela formação dos profissionais para seus postos de atuação. Chegando à Esaf de carro, logo na entrada uma fonte de água jorrando magnífica. Na rua principal, havia árvores frutíferas aproveitando o espaço verde para produzir. Mais adiante, uma capela ecumênica e, logo a seguir, um auditório enorme. Mostraram-me ainda a lavanderia. Almoçamos no restaurante da Esaf com o diretor da escola. Eu estava ansioso para ver as salas de aula e os alunos em classe. Então me foi explicado que naquela semana não estava tendo aulas.

Perguntei então quantos professores tinha a escola, e a resposta foi NENHUM, porque os professores são os funcionários da própria Receita Federal. Eles é que ministram as aulas. Então perguntei quanto alunos frequentavam a escola, e a resposta foi: 40 alunos. Continuamos visitando as instalações e salas de aula e, mais tarde, perguntei quantos funcionários tinha a Esaf, e a resposta foi: 180. Então ficam justificados a lavanderia, o restaurante e as frutas nas árvores, a igreja ecumênica e o grande auditório, tudo para atender à demanda interna. Reportei ao Dr. Guilherme estas impressões.

Tive reunião com três dos principais executivos da Receita. Eram das áreas de Tributação, Arrecadação e Fiscalização. Tributação era responsável pela elaboração das leis e sistemas a serem seguidos pelos outros setores. Arrecadação era responsável por receber os tributos, tanto de pessoas jurídicas como de pessoas físicas. E a Fiscalização era destinada a fazer verificação do cumprimento do recolhimento dos impostos na prática. Terminei admirando o alto nível de competência das equipes das três áreas.

A minha observação e comentário é que se trata de organismo corporativo e centralizador, onde a única pessoa admitida de fora por motivos políticos é o secretário da Receita. O Dr. Dilson escolheu para o cargo o Dr. Guilherme pela sua competência Administrativa. Todos os outros cargos importantes, incluindo os superintendentes regionais, são designados pelo secretário da Receita, porém dentro dos quadros da instituição. Desta forma, acontece com frequência que subordinados numa gestão do secretário podem passar a chefes em outra gestão e, da mesma forma, chefes podem se tornar subordinados dos antigos subalternos.

É fácil entender que isto gera entendimento interno e também respeito mútuo. Enquanto permanece um determinado governo, permanecem o ministro e o Secretário. Na mudança de governo, mudam os cargos políticos. Os funcionários de carreira permanecem em seus cargos e convivem com as trocas frequentes dos secretários. Esses secretários são tratados com o respeito e a dignidade do cargo, mas o seu poder de fazer mudanças é bastante limitado. Entendo ser este um fator positivo que impede que se altere o trabalho técnico, que deve ser eficaz e de sucesso na sua finalidade. Este modelo deveria ser adotado em todas as empresas estatais e nas suas diretorias, mudando somente o presidente como cargo político e mantendo todas as diretorias técnicas em suas funções. Se assim fosse, entendo que as gestões seriam mais profissionais e com um mínimo de interferência política.

Como em todos os casos que relato, a experiência na Receita Federal foi de enorme aprendizagem e enriquecedora para elaboração de estratégias no setor público. Este é um caso de empresa única no seu setor de atividade, sem concorrentes e que tão somente tem oportunidade de crescer, no sentido de aprimorar seus procedimentos, fazendo comparação com outras entidades semelhantes em outros países.

Para limitar a ação de sonegadores, a Receita estava desenvolvendo modelos de cruzamento de dados e informações. Desta maneira, pretendia melhorar a arrecadação para suprir as necessidades das funções do Estado no Brasil.

Lições que este caso nos fornece

1. Reforma administrativa mal encaminhada está destinada ao fracasso.
2. Corporativismo na gestão apresenta distorções como o exibido na Esaf.
3. Estratégia de entidade protegida pela lei e única sempre será difícil de julgar quanto à sua eficácia.
4. Investimento em tecnologia e cruzamento de informações permitiram melhorar o desempenho da cobrança de tributos.
5. Alta competência dos quadros e proteção contra influências externas protegem os especialistas e o profissionalismo da entidade.
6. Desde épocas remotas, o papel de arrecadar impostos garante o desempenho do papel do Estado.
7. Se, por um lado, a continuidade da função fica garantida, por outro, a capacidade de mudança e de receber crítica fica limitada, em um mundo em constante transformação.

Este é um caso de sucesso por se tratar de atividade diferenciada e sem competidores em área pública e com elevado teor de capacitação na função.

Trol

CASO 8

> *"Ou você tem uma estratégia própria, ou então é parte da estratégia de alguém."*
> – Alvin Toffler

Este é o caso da maior empresa de plásticos da América Latina na época. Seu nome era Plásticos Trol. Hoje posso afirmar, como diria Igor Ansoff, que tenho condições de enxergar o que ocorreu com a Trol e sua estratégia com "visão de helicóptero". Fui executivo desta empresa durante doze anos, iniciando na função de controle de estoques com oito funcionários no primeiro prédio da Rua Diana e terminando como líder da produção com mais de mil funcionários a meu cargo.

Na época do progresso do setor de plásticos, a Trol foi crescendo inicialmente com injetoras de plásticos. Seu proprietário, Ralph Rosenberg, era também sócio da Bakol e da Trorion, sendo que a Bakol fornecia parte da matéria-prima utilizada pela Trol. Depois se desenvolveu acrescendo máquinas de sopro, constituindo-se na maior empresa do setor na América Latina, na época com 150 máquinas trabalhando 24 horas por dia. A estratégia pessoal de Rosenberg era de crescimento e agressividade comercial. Grande raciocínio financeiro e pouco voltado para tecnologia e liderança. A sua atuação era forte na formação de alianças, na entrada em novos negócios e na visão de futuro da indústria petroquímica.

Era importante para Rosenberg delegar a direção técnica a especialistas e, por isso, contratava técnicos alemães e os trazia para o Brasil com elevados salários e encargos, desmerecendo pessoal de carreira da casa, que sempre poderia ter sido mais bem aproveitado. Eu tive grandes oportunidades de ocupar espaço, chegando ao cargo de diretor de produção e também fazendo um estágio na Alemanha na fábrica Lendkradwerk Gustav Petri, mas a gestão pessoal de Rosenberg e ausência de uma diretoria impediram que pudesse contribuir mais. O Rosenberg nunca perguntava o que os executivos pensavam. Ele dava as ordens. Percebendo as limitações, terminei me desligando da Trol quando a empresa se encontrava em grande atividade e acompanhei o seu desenvolvimento nos anos a seguir.

Havia na época o surgimento de grande número de competidores de todos os tamanhos: desde pequenas oficinas de fundo de quintal produzindo com baixo custo até novas empresas altamente tecnológicas, com poucos funcionários e investindo em processos automatizados. Enquanto na Trol o reprocesso e a geração de refugos era grande, os novos entrantes iniciavam com menos pessoal. A gigante Trol não conseguia se modernizar, com Rosenberg aplicando o *Mindset* Fixo (falta de adaptabilidade às mudanças ambientais), de volume, rateio de despesas e pouca visão tecnológica deixada nas mãos dos técnicos alemães. Assim a Trol foi perdendo espaço e competitividade nas múltiplas linhas de produtos em que atuava: brinquedos e bonecas, utilidades domésticas, produtos industriais sob encomenda e pentes e botões.

Com a perda de mercado e geração de prejuízos, terminou sendo vendida para Dilson Funaro, que tinha por sua vez uma empresa de plásticos na Avenida Mofarrej, na Lapa, em São Paulo. Um dos erros de Rosenberg foi a compra do terreno na Via Anchieta, em local baixo e sujeito a inundações, onde ergueu um prédio com todos os defeitos possíveis: instalações sanitárias inadequadas, layout inadequado, distâncias a percorrer os produtos, ônus que se comprovaram com o tempo. Numa chuva torrencial, a fábrica inteira ficou inundada e lembro-me de ter passado uma noite toda com Rosenberg e mais alguns funcionários limpando a lama. Só depois de vários dias é que as máquinas voltaram a funcionar, assim como a fábrica toda. Dilson Funaro não demorou em perceber o grande desafio que tinha enfrentado e, apesar de todos os esforços, a Trol terminou fechando as portas.

Quando Dilson Funaro foi para o Ministério da Fazenda, deixou a direção da empresa na mão de seus filhos. Ele faleceu e os filhos não conseguiram reverter a situação penosa em que se encontrava a empresa, que terminou em falência. Eles ainda tiveram problemas com o Ministério Público do Estado de São Paulo por denúncias de supostos atos fraudulentos.

Enquanto isso, Rosenberg passou a ser o maior acionista privado do grupo Petroquisa. Isso demonstra que a mesma pessoa pode ter *Mindset* Fixo num momento e *Mindset* de Crescimento em outro momento. Com o seu falecimento, a sua filha Mônica assumiu a direção dos negócios e mais tarde assistiu à falência do grupo. Num encontro casual com ela no aeroporto, indaguei o que tinha ocorrido e a resposta foi que no Brasil a mulher não tem vez.

Lições que este caso nos fornece

1. Estratégia de sucesso num determinado momento se transforma em estratégia de fracasso assim que a tecnologia e o ambiente se transformam e a empresa não consegue se adaptar às mudanças.
2. Mesmo com o fracasso da estratégia da empresa é possível transformar este fracasso num sucesso pessoal ao investir com visão de futuro num novo negócio, no caso no setor petroquímico.
3. A transferência de proprietário nem sempre consegue numa nova gestão mudar a tendência negativa e os prejuízos acumulados.
4. A falta de liderança pode ser um fator importante, ao não dar ouvidos aos seus colaboradores, para o fim da empresa.
5. O distanciamento tecnológico foi outro importante fator para tornar a empresa não competitiva e geradora de resultados negativos.

Este é um caso de fracasso por não adaptação às mudanças ambientais, apesar de ter iniciado as atividades com muito sucesso. A empresa não se adaptou às mudanças na época.

Toga

CASO 9

> *"Acredito que o objetivo de nossa vida seja a busca da felicidade... Quer se acredite em religião ou não, quer se acredite nesta religião ou naquela, todos nós buscamos algo melhor na vida. Portanto acho que a motivação da nossa vida é a felicidade."*
> – Dalai Lama

Empresa do setor de embalagens, a Indústria de Papéis de Arte José Tscherkassky foi, provavelmente, a maior em sua especialidade, impressão em sistema de rotogravura, na América Latina. O nome pelo qual a empresa ficou conhecida era Toga. O presidente da empresa era o Dr. Mario Haberfeld, casado com Dona Zina e pai de dois filhos, Sérgio e Roberto. O foco do Dr. Mario, que tinha ao seu lado o apoio do Dr. Horacio Cherkassky, advogado com grande habilidade em múltiplas funções, sempre foi altamente positivo, com mentalidade de crescimento e alta capacitação tecnológica. Para isso, ele recrutava os melhores profissionais do mercado, tanto no marketing como no setor de rotogravura, que é uma área muito especializada.

Tinha na área de produção um profissional de grande habilidade de liderança e conhecedor do processo, chamado João Mancini, e na área comercial Marcelo Brasil. Durante alguns anos, fui consultor da empresa e convidado a superintender a área administrativa, mesmo que em tempo parcial. Como superintendente, atuei desenvolvendo inovação em várias áreas da empresa, mais especificamente dando amplo apoio à introdução de sistemas em processamento de dados e racionalizando custos e informações. Arquivo morto foi tornado exemplo de eficiência e a área de computação foi modelo para os fornecedores de equipamentos. O sistema de acompanhamento de custos e os informes sobre resultados e planejamento de médio prazo foram também introduzidos com sucesso na Toga.

No período em que atuei na empresa, fizemos um grande projeto de expansão com financiamento do Banco Nacional de Desenvolvimento Econômico e Social (BNDES) e participação do Eximbank para financiar equipamento importado da Suíça. Com a liderança do Dr. Mario, a Toga conquistou uma posição destacada no atendimento a grandes clientes e, durante o tempo que acompanhei a empresa, sempre funcionou com rentabilidade, o que permitia excelente remuneração aos seus executivos.

Toda vez que percebia novas demandas no mercado, a Toga importava os equipamentos mais adequados para atender às necessidades de crescimento e diversificação de seus clientes, como também se antecipando e se preparando para o futuro. Poucos clientes grandes, em torno de dez, representavam 90% do seu faturamento. Mesmo sendo poucos, havia sempre uma relação de dependência mútua pela qualidade e presteza dos serviços prestados.

Na minha área, tive oportunidade de contar com uma equipe competente, com José Francisco Saporito liderando o setor de informática e que mais tarde veio me substituir. Ademar Fumagali cuidava com grande habilidade do setor de custos e, com a colaboração de Irma Rigonato, organizamos os arquivos num espaço especialmente dedicado a este departamento.

Com apoio de minha equipe de consultores, fizemos o projeto do layout das instalações industriais com as diferentes linhas de produtos, o que resultou numa fábrica moderna, localizada às margens da Via Dutra, no município de Guarulhos. Neste trabalho, destacou-se Egon Pisek, que havia atuado na recuperação de fábricas na Europa depois da Segunda Guerra Mundial e que tinha grande habilidade na elaboração de layout.

Tanto o Dr. Mario como João Mancini tiveram vida curta – ambos faleceram com apenas 58 anos de idade –, ficando os filhos do Dr. Mario para dirigir a empresa.

O período de gestão com três superintendentes foi muito profícuo e a empresa teve grande crescimento. Para atender à demanda de consultoria, fui reduzindo meu tempo de dedicação até meu afastamento do cargo, sendo substituído por Saporito. Houve posteriormente uma associação da Toga com a Dixie, na pessoa de Roberto Klabin, resultando daí uma nova empresa, a Dixie Toga. Certo tempo depois vim saber que a empresa tinha sido vendida pelos filhos para uma empresa estrangeira também especializada no ramo.

Este é sem dúvida um caso de sucesso empresarial empreendedor com a liderança de pessoa de alta capacidade e também digna e merecedora de nosso respeito e gratidão, porque sempre tratou os subalternos com alta consideração. De todos os presidentes de empresa com que tive contato nos meus 35 anos de consultoria, o Dr. Mario Haberfeld ocupa lugar de destaque como pessoa, líder e empresário e pela sua postura estratégica.

 Lições que este caso nos fornece

1. Liderança séria e competente é importante para o sucesso do negócio.
2. Investimento em modernos equipamentos e tecnologia constituiu diferencial dificilmente imitado por competidores.
3. Atendimento aprimorado, cumprindo prazos e satisfazendo os clientes, é fórmula de sucesso.
4. Qualidade diferenciada com mínima perda no processo garante o não desperdício na produção.
5. Estratégia de antecipação às necessidades como forma de manter fidelidade dos clientes.
6. Expansão com parte de recursos próprios e parte por meio de financiamento, sem dificuldades durante todo o processo e mediante cuidadoso planejamento financeiro.
7. Fábrica modelo e processos modernos na informática dando suporte à gestão com dados sempre atualizados.

Este é um caso de estratégia bem-sucedida. A venda da empresa provavelmente tem a sua origem no desinteresse dos filhos na continuidade do negócio.

Importante indústria de produtos lácteos

CASO 10

> *"A única vantagem competitiva sustentável é aprender mais rápido que o seu concorrente."*
> – Peter Segue

Este caso é de um grupo industrial de produtos lácteos, originário da Itália, que enfrentou problemas de gestão, o que o levou à insolvência e consequente necessidade de recuperação judicial. Ao ser decretada a recuperação judicial, o Dr. Alfredo Kugelmas foi nomeado administrador judicial e ele me indicou, junto ao juiz da Primeira Vara de Falências de São Paulo, como perito para fiscalizar e emitir relatórios periódicos para o juiz.

A situação de fragilidade desse grupo abriu a oportunidade para um grupo financeiro sediado num paraíso fiscal assumir o controle da empresa, que passou a gerir o negócio como sendo produto nobre e diferenciado no mercado, com intensa publicidade enfatizando a marca e a qualidade dos produtos. Com estrutura sofisticada e diversas unidades produtivas, o grupo pretendia recuperar a empresa, aumentar o seu faturamento, para distribuir assim seus custos, e a sua participação de mercado.

As operações, independentemente do custo financeiro, continuavam deficitárias, o que provocou a recuperação judicial, e havia no mercado um grupo de grandes empresas operando e um número muito grande de pequenas empresas produtoras de leite e derivados. Por esse motivo, a concorrência era grande e diversificada e o preço que era praticado no mercado para o litro de leite era menor que o preço do litro de água. O preço praticado na venda de leite, especialmente o longa-vida, terminava não compensando devido aos custos industriais.

Todo o setor industrial sofria pelos preços praticados, mas mesmo nessas condições algumas empresas menores e sem estruturas complicadas conseguiam obter resultados positivos. Em geral, no mercado, leite era considerado uma *commodity*, enquanto nessa empresa, devido à marca e ênfase na qualidade, era considerado como sendo produto *premium*.

Com planos de expansão das atividades, a empresa fez um aporte de debêntures com prazo de carência, juros razoáveis e dois anos para pagar. Essas debêntures estavam garantidas por empresas do grupo espalhadas pelo país. Antes ainda do vencimento das debêntures e mediante um plano agressivo de expansão, a empresa conseguiu captar no mercado 800 milhões de reais na forma de capital.

Vale notar, porém, que o principal dirigente e controlador da empresa, empolgado com a captação de recursos, comprou avião para a empresa e passou a levar vida de luxo, mesmo com a empresa gerando continuamente números negativos na sua operação. As operações com perdas mensais continuaram durante vários anos, o que resultou na substituição do diretor comercial. O novo diretor dispensou toda equipe e terceirizou o serviço comercial. Mas, ante o fracasso do seu plano, este diretor durou pouco tempo e foi dispensado, voltando alguns membros da gestão comercial anterior.

Durante esse período, houve também mudanças na presidência da empresa. Eram contratados profissionais do ramo de alimentos sem experiência em lácteos ou executivos famosos por sua gestão em outros ramos de atividade. Todos eram queimados após curtos períodos de gestão e sempre fracassando no seu intento de obter Ebitda positivo. Esta instabilidade na cúpula era provocada por conceitos equivocados de gestão e ambição desmedida, sem fundamentos sólidos, sem maior preocupação com a redução de gastos e sem perceber que as estratégias adotadas levariam ao fracasso.

Com os recursos captados no mercado, a empresa partiu para uma estratégia agressiva de aquisições de concorrentes, o que fez com que ela crescesse muito em pouco tempo. Sempre operando com Ebitda negativo, mesmo após as aquisições, foi aos poucos consumindo o capital. Resultado: não conseguiu pagar os debenturistas, que terminaram assumindo algumas fábricas. E então eles partiram novamente para a venda dos ativos adquiridos um ano atrás, desta vez com preços menores devido ao desespero.

Podemos dizer que a gestão era irresponsável. Mas como cumpria os compromissos assumidos na recuperação judicial, pagando os credores com deságio, conforme plano de recuperação aprovado pelos credores, nada podia ser feito para impedir que a empresa continuasse gerando prejuízos ou mudasse a sua direção com uma intervenção direta no negócio.

Um grande projeto de criação de gado, que seria altamente produtivo e que tinha sido um dos motivos de a empresa ter conseguido aporte de capital, terminou sendo descontinuado por falta de recursos e as fazendas adquiridas foram vendidas sem a implantação da ideia original, que parecia muito promissora.

O grupo controlador provocou enorme perda para os investidores, que acreditaram nas promessas de alta produtividade do projeto de criação de gado e que confiaram tanto nas debêntures como no aumento de capital. No entanto, todos os credores receberam seus créditos assim que foi encerrada a recuperação judicial. Mais tarde, os dirigentes foram processados pela malversação dos recursos captados, sem má intenção, mas por incapacidade.

 Lições que este caso nos fornece

1. Tamanho não significa empresa saudável.
2. Instabilidade na cúpula é sinal de problemas não resolvidos.
3. Produto considerado *premium* em mercado de *commodities* precisa ter respaldo no diferencial de preço, o que não ocorreu.
4. Querer dominar o mercado praticando preços baixos e provocando perdas acaba não tendo sustentabilidade.
5. Alternância de políticas comerciais gera descontinuidade e deixa o mercado confuso.
6. Investimentos em aquisições atropeladas, e pouco depois desinvestimentos das mesmas aquisições, demonstra falta de uma estratégia consistente.
7. O mercado de captação de capital ludibriado por promessas de ganhos em ambiente de perdas constantes demonstra pouca cautela na aplicação de recursos.

8. Gestão intempestiva terá consequências no futuro próximo.

Este é um caso evidente de incompetência diretiva que trouxe como consequência perdas para os controladores e prejuízos para os acionistas que acreditaram nas promessas não cumpridas.

PAUSA PARA MEDITAÇÃO

O caso de um ferroviário russo é interessante para ser relatado neste livro, muito especialmente quando se vive num momento de grandes mudanças.

Havia um ferroviário russo que era encarregado de controlar os vagões frigoríficos do trem. Ele fazia este serviço de forma rotineira, mas um dia ele entrou numa câmara frigorífica de um dos vagões e a porta se fechou. O equipamento para destravar a parta, acionado de dentro do vagão, não funcionou e o ferroviário ficou preso dentro do vagão frigorífico.

O percurso do trem era de poucos dias e, quando arribou a seu destino, foram procurar o ferroviário. Após abrir todos os vagões, encontraram-no morto onde tinha ficado preso.

No entanto, analisando as condições de temperatura, chegou-se à conclusão de que o frio que fazia no vagão não era suficiente para que o ferroviário tivesse falecido e também o ar era suficiente para permitir sobreviver nas condições existentes. Então a pergunta que ficou foi: por que o ferroviário veio a falecer? Ele faleceu porque pensou que morreria e seu coração não aguentou.

A moral deste caso se aplica a muitas empresas e a muitas pessoas que somente veem desgraça na frente: o mercado está ruim, a economia não anda e, por isso, meu negócio está mau. Acha que vai fracassar, e termina fracassando, porque não consegue enxergar a saída. A desgraça domina e essa forma de ver pessimista leva ao fechamento do negócio, à incapacidade de encontrar novas formas de reação.

Polialden

CASO 11

> "A criatividade é a essencialidade do humano no homem. Ao exercer o seu poder criador, trabalhando, criando em todos os âmbitos do seu fazer, o homem configura a vida e lhe dá um sentido."
> – Faiga Ostrower em *Criatividade e processo de Criação*

Sediada no Polo Petroquímico de Camaçari, na Bahia, e produtora de resinas plásticas, a Polialden era uma empresa rentável, única na sua especialidade e integrada no Polo Petroquímico junto com um grupo de aproximadamente mais 30 empresas que se complementavam.

Hoje o Polo Petroquímico de Camaçari incorpora outros setores não petroquímicos e conta com 90 empresas ali instaladas. A estrutura do polo era integrada pela participação tripartite, sendo uma empresa nacional de caráter privado, uma do grupo Petroquisa e uma multinacional detentora da tecnologia e responsável pela transferência do *know-how*. No caso, a multinacional era uma empresa japonesa.

A direção da empresa me convidou para colaborar na elaboração de seu plano estratégico. Para entender a realidade da empresa, comecei fazendo um diagnóstico que durou cinco dias. Nesse diagnóstico, entrevistei também os três representantes das empresas controladoras. Além desses três diretores, havia um presidente executivo e, abaixo dele, vários gerentes, que eram os encarregados de elaborar uma proposta estratégica para investimento no futuro.

Tinham sido acumulados 50 milhões de reais de recursos disponíveis e havia mais 50 milhões de recebíveis em curto prazo, além da possibilidade de geração de mais 100 milhões de reais nos três anos seguintes. Assim, num novo projeto a ser imaginado e sem buscar recursos externos, poderia contar com recursos próprios de 200 milhões de reais.

As entrevistas com os três principais executivos, que foram ilustrativas, eram destinadas a ouvir opiniões sobre os futuros planos. Uma mensagem foi destacada: os executivos da empresa eram competentes para manter as operações funcionando com sucesso, eram cuidadosos nos custos, na qualidade e no bom desempenho, mas nunca tinham sido criativos em termos de elaborar estratégias de futuro. Neste sentido, eram pouco criativos quando se trata de imaginar um futuro desejado.

Vale destacar que a entrevista com o representante do grupo japonês foi muito interessante. Ele me informou que no Japão o polo petroquímico semelhante ao de Camaçari era constituído por uma única empresa, que tinha uma só diretoria e um único laboratório de pesquisa e desenvolvimento, enquanto em Camaçari havia 30 empresas com mesmo número de diretorias e 30 laboratórios, que não trocavam experiências entre eles. Esta forma estrutural muito mais onerosa explica o hiato competitivo e a complexidade burocrática, proporcionando "cabide de emprego" para diretores e pesquisadores dispensáveis.

O grupo de planejamento formado pelos gerentes tinha dedicado vários meses de trabalho elaborando um estudo sobre cenários de futuro. Eram cenários populacionais, de níveis de renda, de faixas etárias e tendências demográficas, de tendências macroeconômicas e de projeções de consumo.

Logo após a conclusão do trabalho, cuidadosamente elaborado, marcou-se uma reunião com o presidente, que recebeu o grupo um pouco surpreso, porque ele já tinha esquecido que havia solicitado aquele trabalho. O presidente pediu então que deixassem o relatório com ele e disse que iria analisá-lo. Decorridas algumas semanas, não houve resposta. Então procurei o presidente e disse-lhe que o grupo estava preocupado porque não sabia se ele tinha gostado ou não do relatório e era importante dar uma resposta para não desmotivá-los. O presidente confessou então que não sabia o que fazer com aqueles cenários tão amplos e pouco relacionados com a empresa.

A mensagem foi clara: cenários devem levar a conclusões e não podem ter fim em si mesmo. Foi uma lamentável perda de esforços, tempo e dedicação do grupo para um trabalho de pouca utilidade. Poderia ter servido para fins acadêmicos porque tinha sido muito bem elaborado.

Com a minha intervenção, passamos então a pensar em que projetos poderiam ser viáveis, partindo dos recursos potenciais. Após várias análises, chegou-se a duas alternativas: uma objetivando aumento da capacidade instalada, porém isto não seria necessário para atender à demanda, e outra em associação com outra empresa irmã do polo, somando juntas a importância de 400 milhões de reais para um projeto novo que viria ao encontro da demanda potencial de mercado e que levaria de dois a três anos para ser implantado.

Mesmo não acreditando na primeira alternativa, esta foi apresentada aos diretores sem muita ênfase e logo foi recusada. A seguir foi apresentada a segunda alternativa com argumentos convincentes e, após entendimentos com a outra empresa, esta foi logo depois aprovada para implantação.

 Lições que este caso nos fornece

1. Estrutura e estratégia estão intimamente relacionadas para obter vantagem competitiva.
2. Existência de recursos permite visualizar projetos entre alternativas. O trabalho com alternativas é muito importante e permite escolha mais adequada.
3. Cenários elaborados sem conclusões e/ou recomendações são exercícios intelectuais.
4. Trabalho com alternativas permite escolher as mais interessantes e direcionar as que se deseja aprovar.
5. Executivos competentes nas operações nem sempre possuem visão de longo prazo, porém podem ser levados a pensar de forma estratégica.

Este é um caso de sucesso empresarial por reserva de mercado e eficácia na gestão do negócio.

Honda

CASO 12

> *"O principal desafio dos líderes do século XXI será liberar a capacidade mental de suas organizações."*
> – WARREN BENNIS

Fabricante de motocicletas e sediada em Manaus (AM), a Honda nos convidou para um trabalho específico na linha de produção relacionado com o layout. O caso que temos para contar não é de um plano estratégico, mas sim sobre forma de proceder e decidir que, por sua vez, se torna um fator de sucesso de gestão e, por isso, possui um elemento de aprendizagem interessante. O método de gestão e decisão se torna fator estratégico para o sucesso de uma organização.

A equipe de consultores trabalhou em Manaus e em São Paulo, nos escritórios da Honda no Morumbi. Quando estávamos em condições de apresentar o plano, fui também para Manaus para a entrega e debates finais, objetivando a aprovação da nossa proposta. Habituados a apresentações deste tipo, calculamos que chegando num dia à tarde, dormindo no hotel e apresentando o projeto no dia seguinte, estaríamos em condições de retornar a São Paulo no dia seguinte perto do meio-dia. As passagens foram marcadas e embarcamos como planejado. Chegamos ao hotel, que fica dentro do distrito industrial, e fomos dormir. Tinha sido combinado de estarmos na empresa, que fica perto do hotel, às 8 horas. Dez minutos antes das 8 horas um veículo da empresa estava na porta do hotel à nossa espera e, no horário combinado, entramos na empresa e fomos encaminhados para uma sala de reuniões. Esperávamos encontrar umas três pessoas (nós éramos também três) e foi grande nossa surpresa quando vimos que estavam na sala já nos esperando 15 pessoas. Vários dos presentes eram japoneses, alguns diretores e outros gerentes, e havia funcionários de vários níveis.

Soubemos que estava havendo a troca de alguns diretores japoneses e que os que tinham chegado recentemente não falavam português e haveria tradução durante a reunião. No início da reunião, tivemos a oportunidade de apresentar o trabalho e aos poucos éramos interrompidos para que fosse feita a tradução. Começaram então os debates com perguntas e questionamentos, traduções, novas perguntas e novos debates. Logo estávamos na hora de almoço e pouco antes do meio-dia fomos encaminhados para o restaurante da empresa.

Ainda nessa época eu atuava como superintendente na Toga e os superintendentes e principais executivos, como também a família dona da empresa, almoçavam num restaurante separado, com serviço à francesa, e se tratava de comida e serviço de primeira. Quando estávamos descendo para sair ao pátio que levava ao restaurante, deu o sinal da sirene da fábrica e os operários apareceram de todos os lados se dirigindo ao restaurante. No meio dessa multidão e junto com os diretores e todos que participaram da reunião, fomos nos dividindo e achando lugares disponíveis para nos acomodar e almoçar na bandeja. Não foi um almoço prazeroso, mas serviu para sentir o ambiente democrático e a igualdade de tratamento entre todos os que ali trabalhavam.

Às 13h30, voltamos para a reunião e as discussões continuaram indefinidamente. Estávamos ficando inquietos. Aproximadamente às 17 horas, meus colegas me pressionaram para eu tomar a palavra e tentar chegar a uma conclusão e ver se estavam ou não aprovando o projeto.

Depois de várias insistências do colega ao meu lado, eu me levantei e tomei a palavra, dizendo que estava sentindo que talvez alguma coisa tivesse de ser modificada e que estávamos à disposição para saber o que estavam achando da proposta. Passados alguns segundos sem resposta, eu me sentei e novamente houve traduções. Um japonês começou a dar risadas, no que foi seguido por outros. Várias risadas me deixaram encabulado, e fiquei quieto e envergonhado.

Após esse incidente, continuaram com os debates e as traduções com pouca intervenção nossa. Tão somente quando faziam alguma pergunta é que nós tínhamos oportunidade de responder. O expediente normal da empresa era até as 17h30, mas a reunião continuou até as 19 horas e ninguém saiu no meio-tempo. Todos os presentes continuaram sentados debatendo e participando.

Terminada a reunião daquele dia, fomos convidados a jantar num restaurante típico de Manaus, e dois elementos nos levaram até o destino. Naturalmente nós estávamos aflitos para saber como estavam sendo as opiniões dos diretores sobre o trabalho. Assim que tivemos um momento oportuno, aproveitamos para perguntar a nossos anfitriões, mas eles desconversavam e falavam da necessidade de tomar bastante líquido por causa do calor ou recomendavam um peixe e mudavam de assunto.

Voltamos para o hotel e combinamos estar prontos às 8 horas do dia seguinte. Novamente o transporte chegou 10 minutos antes e nos conduziu até o local da reunião, que começou pontualmente. As discussões foram reiniciadas e só eram interrompidas para que fosse feita a tradução para os que não falavam português. Os debates iam evoluindo, com os diversos setores expressando suas opiniões, até que pedimos a palavra para informar que nossas passagens estavam marcadas para um voo próximo do meio-dia. Nesse momento, informaram-nos que as passagens de volta que eles nos pediram no dia anterior tinham sido canceladas. "Como canceladas?", perguntamos. E a resposta foi que eles sabiam que não seria possível voltarmos naquela hora e, assim que terminasse a reunião, providenciariam que a nossa volta fosse remarcada para o próximo voo.

Passamos então a manhã inteira ouvindo diversas considerações relacionadas com o projeto e fomos novamente almoçar, desta vez um pouco antes para que pudéssemos todos nos sentar mais ou menos juntos. Após o almoço, voltamos novamente a nos reunir. Eu tinha tentado no dia anterior resumir e tratar de esclarecer o que fosse necessário, mas após o vexame que passei com a risada dos japoneses, preferi ficar quieto e tentar aprender sobre o estilo que era adotado na Honda.

Já avançada a tarde, um dos executivos coordenadores dos trabalhos foi para frente e começou a escrever tarefas e designar pessoas para cada uma delas. Então ficou claro que decisões haviam sido tomadas e que a implantação estava sendo organizada. Isto causou um grande alívio em nossa equipe. A reunião de dois dias contou com a participação de representantes de todos os setores que poderiam estar interessados no que estava mudando, desde o pessoal do almoxarifado, passando pela produção, até o suprimento.

Assim que o executivo terminou de escrever quais seriam as tarefas e os responsáveis por cada uma, um dos diretores, que falou pela primeira vez, questionou: "quanto tempo?". Isso provocou novo debate. A conclusão foi de que seria tudo implantado num prazo de 40 dias. Pela nossa experiência, tínhamos estimado que numa empresa normal o prazo para implantar tudo seria de seis meses. Após os 40 dias, um dos membros da nossa equipe foi a Manaus e verificou que tudo havia sido feito conforme combinado.

É preciso relatar um fato curioso adicional. Terminada a reunião, o diretor da área de suprimentos pediu para um dos presentes, que havia sugerido reduzir o tempo de transporte por um meio diferente do usual, que ficasse com ele para saber mais detalhes de como isso seria possível, uma vez que o suprimento desde São Paulo era demorado.

A moral da história deste caso é "perder dois dias de reunião para saber se vamos ganhar depois muito tempo na implantação". Nas empresas em geral se decide rápido e depois se demora muito para colocar em prática, porque muitos não haviam participado ou não tinham conhecimento.

 Lições que este caso nos fornece

1. Aparentemente, não se trata de um caso estratégico, porque não houve um plano específico elaborado para esse fim, mas trabalhar com estoques baixos e manter um sistema de alimentação da linha que não pode parar é uma decisão estratégica de primeira ordem.
2. Decidir com cautela e envolver todos os que de alguma forma serão afetados é uma forma de evitar resistência e ter a unanimidade ou o consenso na hora de implantar.
3. Conseguir reduzir o tempo de implantação significa economia e rapidez na introdução de melhorias.

4. Cumprir horários e manter disciplina nos debates com ampla participação é uma forma de gestão ordenada e eficaz.
5. Aproveitar o momento e buscar outras soluções, como abreviar o tempo de transporte, pode ser denominado, como diria Alexandre Lupo, "pôr a boca no trombone".

Este é um caso de sucesso empresarial com gestão participativa e estilo próprio de solução de desafios. Pode-se até dizer que o método sociocrático estava sendo aplicado sem conhecimento do mesmo como estilo decisório.

Klabin

CASO 13

> *"Não há nada mais difícil de empreender, mais perigoso de se conduzir, do que assumir a liderança na introdução de uma nova ordem de coisas, porque a inovação terá como inimigos todos aqueles que têm se dado bem sob as antigas condições, e defensores indiferentes naqueles que podem se sair bem sob as novas."*
> – Maquiavel

A empresa deste caso é a Klabin. Fui convidado, inicialmente, pelo Dr. Horácio Cherkassky para dar consultoria em racionalização na fábrica de papelão ondulado. O trabalho realizado teve desdobramentos para a unidade situada no Rio de Janeiro, em Del Castilho, depois para a Cia. Fabricadora de Papel e mais tarde também para a fábrica de IKPC.

Contratado para o setor industrial na unidade de papelão ondulado da Vila Anastácia pelo Dr. Horácio Cherkssky, tive o prazer de conviver com os executivos altamente motivados desta empresa e de colaborar em algumas soluções buscando aprimorar a produtividade. Tratava-se de empresa muito bem organizada e rentável, que precisava de um nível mínimo de atividade para atingir seus objetivos. Abaixo desse nível de atividade, os custos fixos absorveriam o resultado. Portanto, era necessário manter a empresa ativa e, para isso, o setor comercial era muito importante e desempenhava o seu papel satisfatoriamente.

Uma equipe de três executivos dirigia a empresa: um financeiro, um de recursos humanos e o principal era o gerente industrial. Esta equipe funcionava integrada e era muito eficaz. O Dr. Horácio visitava com frequência a empresa, acompanhando o seu desenvolvimento e reportando-se à cúpula do grupo. Produção de excelente qualidade, cuja matéria-prima era fornecida pelo grupo Klabin, possuía vantagem competitiva por estar integrada ao grupo.

Depois de alguns meses atuando nesta empresa, fomos encaminhados a atuar também na Companhia Fabricadora de Papel, na Rua Voluntários da Pátria, em Santana, São Paulo, onde ficamos conhecendo o presidente Samuel Klabin, que havia deixado as empresas sob a direção de executivos competentes. Sempre em busca de melhorias, eram feitos investimentos no processo de fabricação de diversos produtos com equipamentos velhos, mas altamente produtivos e sempre em excelente estado de manutenção.

Posteriormente fomos também fazer um diagnóstico na fábrica de IKPC em Monte Alegre (SP), onde visitamos também as plantações de árvores destinadas a suprir de matéria-prima os próximos 20 anos de produção da fábrica.

Para comparar a produção da fábrica de papelão ondulado da Vila Anastácio com a fábrica irmã no Rio de Janeiro, tivemos contato e fizemos levantamentos na unidade de Del Castilho. Para surpresa dos paulistanos, a fábrica do Rio de Janeiro, da qual se pensava que a produtividade fosse menor, e os resultados obtidos por homem trabalhando eram muito semelhantes aos resultados de São Paulo, e sempre havia certa competição entre as duas unidades, que atendiam mercados localizados em regiões diferentes, porém com a mesma qualidade e com o mesmo desempenho. Apesar do intenso calor no verão em Del Castilho, a produtividade era igual à de São Paulo.

Foi muito prazeroso trabalhar para o grupo Klabin em suas diversas unidades, acompanhar seus executivos e sentir a dinâmica com que as empresas buscavam sempre melhorar, seja fazendo grandes investimentos ou introduzindo melhorias constantes de menor importância. É preciso ainda destacar o pioneirismo do grupo em acreditar no país para o setor de celulose e papel, considerando o desenvolvimento das árvores pelas condições climáticas favoráveis, de sol e chuva, favorecendo o crescimento rápido e provendo matéria-prima para suas fábricas. O pioneirismo ficou destacado não somente nas suas unidades industriais, mais especialmente no desenvolvimento de espécies na genética das árvores, no plantio racional e no cuidado das florestas que exigem constante supervisão.

Lições que este caso nos fornece

1. Ser pioneiro num setor de grande investimento de capital garante sucesso.
2. Acreditar no potencial do país e dedicar-se a atender necessidades locais e exportação ao mesmo tempo contribuem para geração de riqueza.
3. Perceber o potencial integrativo de atividades como celulose, papel e, mais tarde, papelão ondulado aproveita as vantagens competitivas geradas por essa sinergia.
4. As condições de clima como fator favorável para este setor produtivo são decisivas para o fortalecimento da atividade.
5. A escolha criteriosa de executivos competentes e a criação de ambiente estimulante e motivador foram também elementos importantes para o sucesso.
6. Dar as diretrizes e não interferir demasiadamente permite aos executivos demonstrar todo seu potencial criativo.

Este é um caso de notório sucesso empresarial num setor que teve importante contribuição para o desenvolvimento industrial do país e para a geração de importante receita oriunda das exportações. O papel de destaque neste setor coube ao Dr. Horácio Cherkassky, que teve atuação importante como dirigente do sindicato patronal no país.

Metalúrgica Abramo Eberle

CASO 14

> Um discípulo de Goethe lhe dizia: *"A vida tem um momento para nascer e crescer, um momento para amar, num momento se fica velho, e logo depois sobrevém a morte".*
> A isso Goethe respondeu: *"Sessenta minutos tem a hora, o dia mais de um milhar, o filho aprende sem demora quanta coisa se pode criar".*

Importante indústria metalúrgica situada na cidade de Caxias do Sul, no Rio Grande do Sul, a Metalúrgica Abramo Eberle possuía várias fábricas e contava com um contingente de quatro mil funcionários, mas se encontrava em dificuldades, tanto financeiras como para obter resultado operacional positivo. Era dirigida por um membro da família no cargo de presidente e possuía um Conselho de Administração composto por 14 membros e uma diretoria formada por dez diretores. O então presidente era filho de um dos conselheiros, que tinha sido o presidente anteriormente. Ou seja, a gestão havia sido herdada do pai.

O Dr. Wilton Lupo, da empresa Meias Lupo, de Araraquara (SP), era casado com parente da família Eberle, bem como acionista do grupo Eberle, mas como minoritário. O grupo de acionistas, formado por membros da família, não tinha um detentor do controle, que era pulverizado.

Na época, eu estava realizando um trabalho de consultoria na Meias Lupo e o Dr. Wilton, sentindo que os problemas na Eberle estavam piorando e após consultar os outros conselheiros, me convidou para dar um parecer sobre a empresa. Passei uma semana na empresa entrevistando todos os diretores e conselheiros e fiquei muito preocupado quando conversei com o presidente. Ele vivia em outra realidade. Sonhava em construir vários prédios onde estava a fábrica principal, não percebendo a situação em que a empresa se encontrava, registrando prejuízos constantes, sem visualizar uma solução.

Elaborei o meu diagnóstico e o entreguei ao Dr. Wilton sem voltar à cidade de Caxias. O relatório era contundente e dizia que os conselheiros, em número elevado, e a grande diretoria, formada por parentes e executivos, não tinham condições de mudar a situação, que havia um ambiente de desânimo na empresa e a única solução que eu via era toda a diretoria e todos os conselheiros pedirem demissão e permitirem formação de um pequeno grupo competente de diretores e de um conselho de administração bem menor e representativo do capital. Não tive coragem de voltar a Caxias para entregar o relatório porque tinha quase certeza de que não aceitariam o que eu propunha, mas era pré-condição para a reestruturação pretendida.

Passadas duas semanas, fui convocado para retornar à Eberle, pois minha proposta tinha sido aceita e todos estavam colocando os cargos à disposição. Constituímos uma diretoria de cinco elementos escolhidos entre os diretores e executivos e um conselho de seis membros. Iniciamos um processo de reestruturação com redução de pouco mais de 200 funcionários, o que representava 5% do contingente, e partimos para melhorias contínuas que importassem em valores pequenos e retorno rápido.

Depois de três meses, os resultados, até então negativos, começaram a se equilibrar e logo depois passaram a ser positivos. O clima organizacional melhorou e os novos diretores estavam altamente motivados nas suas funções. Poucos meses depois, já dispondo de algum recurso, passou a se modernizar, com a implantação de um processo de automação na fábrica de ilhoses e botões, denominada de Fábrica 4, trabalho este liderado pelo Sr. Matana, que tinha feito uma viagem à Itália, onde visitou uma empresa automatizada e copiou a ideia.

Em lugar de trabalhar com chapas, passou a utilizar bobinas, reduzindo o desperdício, e as máquinas ficavam em sala fechada sem acesso a terceiros, para evitar que o sistema fosse copiado. Com estas medidas, a Fábrica Quatro passou a trabalhar com alta margem, o que melhorou ainda mais o resultado do grupo. Faltava, no entanto, definir uma liderança na figura de um presidente, cargo que vinha sendo ocupado transitoriamente por um dos Eberle, engenheiro da fábrica de motores, acumulando as duas funções, diretor da Fábrica 3 e presidente da empresa.

Na época, Alexandre Lupo, filho de Wilton Lupo, estava tendo sucesso como engenheiro civil na construção de um centro esportivo na cidade de Araraquara e com várias obras em andamento em São Paulo, e então foi convidado para presidir a Eberle. Alexandre era um rapaz dinâmico e realizador, de muita inteligência e competência. Não demorou muito tempo para entender sobre cada um dos sete negócios que compunham a empresa. Investimentos foram realizados na mecânica de precisão com equipamentos modernos. E, em virtude da agressividade comercial, o grupo Eberle passou a ter vários anos de contínuo sucesso.

Alexandre e eu jantávamos juntos com frequência e ficávamos até altas horas de noite debatendo caminhos para melhorar o desempenho do grupo. Muitas vezes ele me convidava para almoçar na sua casa, em Caxias do Sul, juntamente com seus familiares.

Além de cuidar da Eberle como presidente, Alexandre recebeu um convite interessante para uma parceria da Eberle com a Siemens do Brasil. Era um projeto novo para o qual a Siemens precisava ter um sócio local, e a Eberle seria ideal. A apresentação do negócio foi intermediada no início pelo Bradesco e tive oportunidade de assistir às negociações.

Tratava-se de uma participação sem investimento de capital e com garantia de uma remuneração fixa, independentemente do resultado da nova empresa. Esta empresa estava trazendo para o Brasil um novo equipamento, muito mais leve do que o existente no mercado e com alta tecnologia. Seria adotado e homologado para venda ao governo. Durante o período que vigorou a associação, a Eberle foi remunerada sem participar da direção do negócio. Apenas participava como sócia.

Como era oriunda de Araraquara, a família de Alexandre viajava com frequência de Caxias do Sul para Araraquara para passar feriados ou férias. Numa dessas viagens, quando a família já havia partido alguns dias antes, infelizmente aconteceu um desfecho trágico, interrompendo a jornada brilhante de Alexandre.

Ele era obeso e tinha mandado reforçar o assento de uma camionete que havia comprado recentemente, para evitar que com seu peso o assento cedesse. Naquela madrugada, antes de um feriado prolongado, partiu com seu motorista em direção a Araraquara. Como a camionete era nova, ele quis dirigir e deixou o motorista no assento do acompanhante. As condições do tempo naquela noite não eram boas: além de chuva na região da Serra Gaúcha, havia também muita neblina na estrada. E o pior aconteceu – um acidente. A caminhonete colidiu de frente com um caminhão e Alexandre terminou falecendo a caminho do hospital. O reforço do assento não permitiu que ele se deslocasse, ficando aprisionado nas ferragens. O motorista que o acompanhava teve apenas aranhões e saiu praticamente ileso.

Após este terrível acidente, o Dr. Wilton, pai do Alexandre, ficou inconsolável e lamentou profundamente ter concordado que o filho fosse trabalhar na Eberle. Pouco tempo depois, e desgostoso, vendeu a sua participação acionária para o grupo Zivi Hercules de Porto Alegre. Esta operação foi comandada por um ex-diretor do Bradesco chamado Sanches, que então deu prazo para os outros acionistas venderem as suas participações a um preço que na época soava convidativo. Vários acionistas, que tinham ficado muitos anos sem receber dividendos, resolveram vender suas participações e o grupo Zivi Hercules, que era menor do que a Eberle, passou a possuir o controle das empresas e a colocar seus elementos em cargos-chave.

Foi nesse momento que cessou minha consultoria para a Eberle, tendo deixado a empresa em excelentes condições.

 Lições que este caso nos fornece

1. Um relatório feito com muita coragem permitiu uma profunda reestruturação da empresa.
2. Utilizando somente pessoal interno, sem ninguém de fora do grupo, partiu-se para mudanças não traumáticas e necessárias.
3. Reduzindo burocracia e com cinco diretores assumindo os postos-chave e as fábricas, foi implantada uma estrutura de unidades estratégicas de negócios, em que os executivos passaram a ser premiados dependendo dos resultados.
4. Formou-se um comitê técnico com alguns dos familiares afastados, permitindo assim uma remuneração básica à família para evitar que fosse prejudicada financeiramente.

5. A chegada de Alexandre Lupo ao grupo trouxe um novo dinamismo e uma nova exigência, superando os resultados que tinham sido atingidos após a reestruturação.
6. O terrível acidente interrompeu o processo iniciado com êxito e desmotivou um acionista, que vendeu a sua parte e desencadeou a perda do controle acionário.

Este é um caso de sucesso empresarial incontestável após um período de fortes perdas por gestão intempestiva. As estratégias adotadas foram de acreditar no potencial, nas equipes e em melhorias constantes, sem interrupção e de rápido retorno.

Gestão de unidades estratégicas de negócios foi uma forma muito eficaz de conseguir que cada negócio fosse rentável e motivou os dirigentes a obter resultados mediante orçamento.

Lendkradwerk Gustav Petri

CASO 15

> *"(...) a busca ativa e contínua pela excelência será um clima organizacional no qual as pessoas possam crescer e se desenvolver, no qual a capacidade criativa possa ser expandida e no qual as necessidades pessoais dos indivíduos de ampliar e transformar em realidade seus próprios potenciais possam ser atingidas significativamente no próprio ambiente de trabalho."*
> – RICHARD BECKARD em *Desenvolvimento Organizacional*

Este caso é de uma empresa da Alemanha, a Lendkradwerk Gustav Petri, sediada na cidade de Aschaffenburg. Trata-se de uma empresa fabricante de peças para automóveis. A atividade principal da fábrica era a produção de volantes para a indústria automobilística alemã e também para atender à demanda de outros países europeus. Possuía uma filial no Brasil para suprir os seus clientes europeus.

Quem me permitiu esta estadia na Alemanha e na Petri foi o Sr. Ralph Rosemberg, porque, além de volantes para automóveis, existia na Petri um setor de plásticos semelhante ao que a Trol possuía aqui no Brasil e acreditava que, liderando a produção, esta seria uma aprendizagem importante para o futuro da Trol.

Nessa empresa, passei alguns meses percorrendo todos os setores administrativos e especialmente as áreas de planejamento da produção. Uma das características marcantes desta empresa era o ambiente de produção: uma calma total, com pouco movimento de pessoas, cada uma no seu lugar trabalhando. Não pareceria que a fábrica estava em funcionamento. Como isto era possível?

Dois importantes fatores sistêmicos eram que lá não existia a figura de *office boys* para levar papéis ou mensagens, pois havia um tubo entre os setores importantes e umas caixinhas, onde se colocavam os documentos, que eram enviados por meio de ar comprimido. Assim se evitava perda de tempo e a comunicação era direta e rápida. Vale lembrar que na época, é claro, não existia celular nem laptop com suas múltiplas utilidades. O segundo elemento importante era o sistema de transporte de produtos dentro da fábrica. Desde a primeira operação, os volantes eram transportados por ganchos aéreos entre os setores em que eram feitas as diversas operações. Quando o produto ficava pronto, era transportado por este sistema aéreo até um terminal de carga, onde um vagão da linha de trem aguardava até estar cheio para o transporte por trem até a fábrica de veículos a que se destinava.

Curioso em saber onde ficava o departamento de pessoal, fui perguntando e a resposta que recebia era de que não existia esse departamento na empresa. Então fui também perguntando onde era registrada a carteira de trabalho, e aí me perguntaram o que era isso. Não existia esse documento. Perguntei ainda quem contratava e quem demitia funcionários. Ai a resposta era que se tratava de três a cinco funcionários por ano que entravam ou saíam ante um total de 1.100 funcionários e que era o setor contábil que cuidava disso. Quis saber também quem dava o treinamento e se havia algum treinamento específico. A resposta foi simples: quem treina é o responsável da área. É ele que vai preparar o funcionário para sua função, e o tempo de treinamento é geralmente longo, até o aprendiz conhecer profundamente o seu trabalho. Perguntei mais: onde era feito a folha de pagamentos. A resposta foi rápida: a secretária do diretor-geral emite os recibos de pagamento automaticamente, somente tendo que fazer as poucas alterações das pessoas que saem ou são admitidas.

Enquanto no Brasil temos um sistema burocrático para a administração de recursos humanos, lá não existe ninguém com essa função. A produtividade alemã, mesmo pagando salários muito superiores ao que são pagos no Brasil, é amplamente compensada pelo sistema racional e pela produtividade de suas empresas.

Existia na área externa da fábrica um amplo estacionamento, pois praticamente todos os funcionários iam trabalhar de carro. Não havia vagas específicas e destinadas a gerentes ou diretores, como também no restaurante todos eram tratados por igual.

Apesar da rigidez produtiva e da alta produtividade, havia momentos de descontração, que eram tradicionais na empresa. Na primeira vez que caiu neve na temporada que passei lá, os funcionários saíram ao espaço externo para festejar a chegada do inverno e até para jogar bolas de neve uns nos outros. Era um momento de descontração, e, logo depois, voltaram a trabalhar. O ambiente era cordial e de amizade entre eles.

A direção da empresa era exercida por um procurador nomeado pela família e que desempenhava o papel de dono. Quando o fundador faleceu, os filhos eram ainda pequenos e a esposa nomeou uma pessoa de confiança para dirigir o negócio. Na última vez que visitei Aschaffenburg, soube que a empresa, que era responsável pela maior geração de empregos na região, tinha sido vendida para um grupo japonês.

 Lições que este caso nos fornece

1. O problema não são os salários elevados, e sim a falta de produtividade que faz com que as empresas não sejam competitivas.
2. A burocracia que se encontra instalada nos países da America Latina, em particular no Brasil, prejudica as empresas e seus empregados, que gastam tempo em atividades que poderiam ser desnecessárias.
3. A estratégia adotada de movimentação racional de materiais reduziu drasticamente os custos com um investimento inicial elevado, porém compensador.
4. Racionalidade é a palavra de ordem implantada na empresa e que funciona em todos os setores.
5. Tratamento igual para todos gera um ambiente democrático, participativo e motivacional.
6. Este é um caso de sucesso empresarial numa empresa que é a principal fornecedora de volantes de automóveis na Europa e que também possui filial no Brasil denominada Petri do Brasil.

PAUSA PARA MEDITAÇÃO

A história do caranguejo é muito ilustrativa. Você sabe como o caranguejo cresce?

Para crescer, o caranguejo primeiro se esconde, solta um líquido na sua crosta para que fique amolecida e então se estica, aumentando o seu tamanho.

Enquanto passa por este processo, permanece escondido, porque com a casca amolecida fica suscetível de ser comido por outros animais. Terminado esse processo, a casca seca e fica rígida novamente. Aí ele sai do esconderijo na areia e vai em busca de alimento.

Apesar de todas as precauções, existe um macaco de praia que muito espertamente coloca seu rabo na areia e, quando o caranguejo morde pensando que seja alimento, ele tira o caranguejo do seu esconderijo e o digere.

A moral da história é que quem quiser crescer precisa amolecer. E amolecer significa não ficar preso a conceitos que deram certo no passado.

Normalmente, para crescer, fazem-se investimentos e a empresa fica vulnerável com a dívida do investimento e sujeita a competidores, que podem aproveitar a oportunidade para o chamado "take over".

Amolecer significa também estar aberto para ouvir e aprender. Antes de tomar uma decisão importante, é importante consultar outras pessoas, ouvir conselhos, assessorar-se cuidadosamente.

Assim como no caso do caranguejo, as pessoas e as empresas que desejam crescer precisam ser flexíveis para mudar quando for necessário e não ficar rígidas em seus princípios e formas de atuar.

Plásticos Mueller

CASO 16

> *Estamos bem no meio da crise do homem moderno; não nos resta muito tempo. Se não começarmos agora, talvez seja tarde demais. Mas há esperança porque existe uma possibilidade real de que o homem possa reafirmar o que pode tornar humana a sociedade tecnológica."*
> – ERICH FROMM EM *A REVOLUÇÃO DA ESPERANÇA*

Este caso é de uma empresa do ramo de plásticos que fabricava principalmente produtos industriais. Iniciou suas atividades em 1937 e existe até hoje. Enquanto a maioria das grandes empresas do setor viveu uma época de brilhantismo, depois enfrentando a decadência e o desaparecimento, a Plásticos Mueller sobreviveu a todos esses anos e continua operando no mercado. O seu fundador foi o Dr. Frederico Jacob, que colocou para sucedê-lo um sobrinho, porque não teve filhos. O Dr. Jacob tinha um estilo paternalista de gestão e conhecia todos os seus funcionários pelo nome.

A sobrevivência da Plásticos Mueller nos leva a indagar quais seriam os motivos e qual a sua estratégia de sobrevivência durante tantos anos, passando por crises existenciais, de mercado, de concorrência e de natural obsolescência. Tendo participado em certo momento desse desenvolvimento e conhecido de perto a filosofia desta empresa, posso afirmar que foi sempre uma empresa que prestigia a qualidade de seus produtos, atuando com custos controlados, sem luxo, sem excentricidades e com concentração no negócio e na tecnologia. Com estrutura enxuta e operando com equipe bem treinada e motivada, consegue fabricar produtos com qualidade e mínima perda por refugos e mínimo desperdício.

Enquanto os principais *players* do mercado utilizavam ao máximo a capacidade instalada – inclusive a empresa Trol, como mostrei anteriormente –, pensando desta forma amortizar os custos dos equipamentos, esta empresa operava em dois turnos somente, e uma pessoa entrava uma hora antes do expediente para ligar as máquinas e aquecer o material antes da chegada dos operadores para iniciar o turno da manhã. Dessa forma, evitava o controle do turno da noite, no qual era mais difícil acompanhar a qualidade e o desperdício de materiais, quando também o custo dos operadores era mais elevado.

Com política financeira muito cautelosa e sem fazer uso de empréstimos bancários, tentava sempre alavancar financeiramente as operações e trabalhar para clientes comprometidos e fiéis, tratando de atender a suas necessidades e criando um relacionamento forte e duradouro.

Com a oportunidade de suprir uma grande montadora de veículos em sua necessidade específica, a empresa criou uma filial perto das instalações da montadora e se adequou às necessidades da mesma.

A estrutura societária e organizacional foi sempre enxuta e, ao mesmo tempo, de intensa dedicação do diretor principal, cuja presença permanente permitia conhecer os funcionários e estabelecer uma relação interna de confiança, credibilidade e comprometimento.

Com relação ao aspecto tecnológico, era sempre buscado aprimoramento e atualização com equipamentos modernos, que eram adquiridos gradativamente, na medida em que os recursos permitiam. Foi este, sem dúvida, um dos fatores de permanente sucesso, introduzindo entropia negativa e evitando a decadência.

A vida modesta dos donos da empresa e o investimento permanente na mesma, sem desvio de recursos da finalidade principal, explicam outra solução encontrada para reafirmar a intenção de permanecer no negócio e serem fiéis a seus compromissos com o mercado.

Na crise momentânea que o país atravessou nos últimos anos, dificilmente alguma empresa conseguiria se sair bem em todo momento, e constatei que recentemente esta empresa, de tantos anos de atividade saudável e rentável, foi obrigada a solicitar recuperação judicial. Espero que consiga superar este momento difícil e que dê continuidade aos seus quase oitenta anos de existência.

Lições que este caso nos fornece

1. Persistência na qualidade e na produtividade como motivo de sucesso.
2. Motivação sem exageros e modéstia dos donos como exemplo.
3. Mínima geração de perdas no processo como vantagem em relação a importantes competidores.
4. Longa vida de quase 80 anos com adaptabilidade e mudança permanente.
5. Utilização cuidadosa da capacidade instalada, evitando exaurir equipamentos e ferramentas com ótimo desempenho.
6. Instalação de filial próxima a importante montadora para atender a suas necessidades, gerando dependência mútua.

Este é um caso de sucesso empresarial e com um período de dificuldades que provocou a lamentável recuperação judicial.

Empresa do setor de fundição

CASO 17

> *"É mais importante adotar a estratégia correta do que buscar o lucro imediato."*
> – Philip Kotler

Vou relatar agora o caso de uma empresa do setor de fundição, instalada no Sul do país, em Santa Catarina, e que possuía na época nove mil funcionários. Tratava-se de grupo diversificado com duas linhas principais de produtos: blocos e cabeçotes para motores, incluindo outras peças para a indústria automobilística e a linha de conexões, perfis e granalhas.

No período em que participei como consultor nesta empresa, tive oportunidade de manter contato com todos os seus diretores e também com o seu Conselho de Administração. Esses dois grupos da alta direção eram os responsáveis pela elaboração do plano estratégico para os anos seguintes. O então diretor-vice-presidente me convidou para atuar junto à cúpula da empresa, que era dirigida por um presidente com formação financeira e que imprimia cautela em sua gestão, saneando dívidas anteriores.

O principal executivo da empresa e sócio designado da família para acompanhar o desenrolar das atividades era na época secretário de Estado no governo de Santa Catarina e vivia viajando. Ele tinha então delegado atribuições a um profissional com formação financeira para o comando geral.

Infelizmente, a figura principal da empresa sofreu um acidente fatal de aviação, deixando esposa e filhos (estes ainda muito jovens) para assumir cargos na gestão. Por uma deferência da família que detinha o controle acionário para com a viúva, ela foi indicada para suceder o marido como principal gestor na direção do Conselho de Administração. A senhora era pessoa de bom senso e conseguiu fazer uma gestão muito produtiva, assessorando-se de elementos competentes e, durante a sua gestão, os resultados foram muito positivos.

Naquela ocasião, uma época fora de temporada, promovi um encontro estratégico, num hotel na praia de Itapema, para definir os próximos passos e o médio prazo. Esse evento ficou marcado na minha memória porque a proposta para o ano seguinte era de um resultado pequeno, de 4%, sobre o faturamento. O resultado era pequeno porque um importante cliente, a Volkswagen, contribuía negativamente nos resultados. A montadora era muito difícil na negociação e nunca aceitava os preços propostos pela empresa.

Como era um importante cliente, prevalecia-se de sua posição, que representava 10% do faturamento, e os executivos da fundição tinham receio de criar atrito com o cliente e também fomentar ociosidade na fábrica. No entanto, o diretor comercial na época sugeriu como solução substituir este cliente, caso não se chegasse a um entendimento, por outros produtos que seriam rentáveis e elevariam o resultado previsto de 4% para 11% naquele ano. As negociações com a Volkswagen foram muito difíceis e com a ameaça de nunca mais comprar da fundição; não concordando em pagar preços justos, as encomendas terminaram sendo canceladas.

O resultado do ano sem aquele cliente fora realmente de 11%, mas um ano depois, após ter enfrentado problemas de qualidade com outros fornecedores, a Volkswagen voltou gradativamente a comprar desta empresa pagando os preços justos. O Conselho de Administração, dirigido pela Sra. Maria Claudia, incorporou algumas pessoas de fora da empresa, porém com muita experiência, e a gestão do Conselho foi competente.

Figura importante no período de bonança desta empresa foi o vice-presidente, que me convidou para o trabalho estratégico. Ele era profissional técnico e com excelente visão das necessidades e possibilidades de a empresa se desenvolver. No entanto, o controle acionário do grupo estava com a família, mais especificamente com a mãe e irmã do falecido presidente anterior, e havia também um irmão, que até então não tinha apresentado condições para gerir o grupo. Mesmo assim, e na tentativa de oferecer oportunidade, ele foi designado para o comando da empresa e passou a introduzir mudanças no Conselho de Administração, trazendo um ex-presidente de uma grande empresa cliente para dirigir o Conselho.

Não acompanhei o desenrolar da nova gestão, mas infelizmente vim saber um tempo depois que o grupo familiar tinha perdido o controle acionário. A empresa esteve no poder da família desde 1938. Na década de 1980, ela estava numa excelente posição, com algumas diversificações em outras atividades na área química e de plásticos.

Era uma organização profissionalizada, mas a mudança de gestão e o gradativo endividamento forçaram abandonar o controle familiar, que foi passado para um grupo de fundos de pensão e bancos. Estes, por sua vez, elaboraram o saneamento financeiro e passaram a investir na modernização.

 Lições que este caso nos fornece

1. A empresa mencionada foi durante muitos anos sinônimo de qualidade e sucesso.
2. Com tecnologia atualizada, sempre teve estratégia cuidadosa e, apesar de períodos melhores e de certo endividamento, conseguia superar e voltar a florescer.
3. As tentativas de diversificação nem sempre foram bem-sucedidas, porém eram importantes para não depender de uma única tecnologia de produção.
4. Gestão conservadora e medidas corajosas, como desistir momentaneamente de cliente, ajudaram a melhorar o desempenho.
5. A influência familiar não profissional pode provocar descontinuidade de período de bonança e condições adversas, contribuir para a perda do controle acionário por parte do grupo familiar.
6. A entrada de novos profissionais e novos investimentos terminaram revigorando a empresa e modernizaram os processos.

Este é um caso de sucesso empresarial, porém de perda do controle familiar.

Metal Leve

CASO 18

> *"Hoje é dia certo de fazer as coisas certas, de maneira certa. Amanhã será tarde."*
> – Martin Luther King

Importante empresa do setor de autopeças, a Metal Leve era dirigida pelos seus fundadores, entre eles José Mindlin e Aldo Buck, com participação no Conselho de Administração de Horácio Cherkassky e Celso Lafer e com alguns membros da nova geração atuando, entre eles Sergio Mindlin e Roberto Faldini. A Metal Leve possuía tecnologia de ponta, adquirida de empresa alemã, e tinha, com o tempo e com a experiência conquistada, se tornado importante fornecedora de pistões e bronzinas para automóveis no mercado.

Seus dirigentes haviam adotado um estilo de gestão muito interessante e que tinha se provado eficaz. Consistia em somente decidir quando todos estivessem de acordo, ou seja, com unanimidade. Como obter unanimidade nem sempre era possível, então, quando alguém discordava de alguma decisão a que quase todos estavam apoiando, era realizado um debate e o discordante tinha a opção de apoiar, desde que a decisão fosse tomada com a sua observação e verificação posterior dos resultados, ou então ficar irredutível em sua posição e, neste caso, a decisão estaria postergada. Dessa forma se evitava que houvesse vencedores e vencidos numa decisão por maioria de votos.

Com esse estilo, os fundadores mantiveram a empresa em sua evolução com sucesso, harmonia e entendimento de alto nível.

O conceito de sociocracia foi introduzido por um empresário holandês que fala sobre a necessidade de organizar o processo decisório com um princípio básico, denominado de "no objection", no momento de decidir. Trouxemos o engenheiro Endenburg para fazer um seminário sobre o tema da sociocracia, no qual ele nos deu alguns elementos importantes de sua teoria.

Um dos maiores obstáculos ao se desejar implantar uma gestão participativa é a demora no processo decisório quando executivos têm de deliberar e decidir juntos. A procura por consenso frequentemente leva a protelar a decisão, prejudicando a eficácia das ações, que acabam sendo efetuadas com atrasos. A Metal Leve utilizava um método semelhante devido ao fato de que nenhum dos sócios tinha o poder decisório. Era necessário ouvir o colegiado, o que sempre era feito quando se tratava de importantes investimentos.

Com o tempo transcorrendo e a idade dos fundadores avançando, alguns deles foram falecendo e os remanescentes enfrentaram o dilema de dar continuidade com a introdução de seus herdeiros ou aproveitar a oportunidade surgida para vender a empresa para a Mahle, empresa alemã interessada em participar do negócio no Brasil.

Nessa época, a formação de uma nova geração que pudesse assumir os negócios era ainda incipiente e, para maior garantia de sucesso, se escolheu optar por negociar com a empresa alemã, que anteriormente havia sido a fornecedora da tecnologia para a Metal Leve. Assim a Metal Leve terminou sendo vendida e dando segurança financeira aos sócios remanescentes e a seus sucessores.

 Lições que este caso nos fornece

1. Em uma empresa onde não existe um controle acionário definido, o processo decisório exige modelo alternativo ao tradicional autocrático.
2. O modelo adotado intuitivamente de forma prática evitava conflitos entre os sócios.

3. Este modelo foi desenvolvido de forma mais detalhada no livro *Sociocracy*, de Gerard Endenburg, empresário holandês que praticava o método na sua empresa.
4. Com tecnologia atualizada e adquirida da Mahle, empresa alemã, atendia satisfatoriamente e com sucesso o mercado automobilístico no Brasil.
5. A venda para a própria Mahle deixou sócios e familiares em situação de conforto financeiro, no estado de idade avançada dos fundadores.

Este é um caso de sucesso empresarial em que se optou pela venda da empresa por motivo da idade dos fundadores, deixando uma situação confortável para os herdeiros.

Carpet Express

CASO 19

> "A estupidez coloca-se na primeira fila para ser vista,
> a inteligência coloca-se na retaguarda para ver."
> – Bertrand Russell

Este caso é de uma empresa comercial que existia há 40 anos, atuando sempre no varejo com uma única loja que vendia carpetes e tapetes. Com a entrada de um novo sócio, foi aos poucos atuando também no atacado. No início, aproveitou o bom nome junto aos fornecedores para conseguir crédito e aumentar o volume de compras. Desta forma, conseguia manter estoques elevados e fazer pronta-entrega, justificando o nome de Carpet Express.

Para acelerar o crescimento, os sócios, nos primeiros anos, não faziam retiradas de pró-labore e tudo que obtinham era para aumentar estoques. Mudando a política, passaram a fazer compras à vista numa época de alta inflação. Mediante grandes pedidos, negociavam preços menores e condições especiais com os fabricantes.

Mais tarde passou, inclusive, a trabalhar com pisos laminados, vinílicos e de borracha, como até importar pisos especiais para finalidades específicas, como hospitais. Ampliando a linha de produtos, passou a atender escolas, bancos, supermercados, escritórios, lojas de shopping e também o segmento residencial, que era a origem do negócio. Desta forma, a Carpet Express, com estilo agressivo, conseguia fazer entregas rápidas e instalações em até 24 horas nas residências e locais comerciais, utilizando mão de obra própria e terceirizada. Seus preços eram altamente competitivos e se tornou uma das maiores empresas em sua especialidade.

Um dos princípios preconizados nos conceitos sobre estratégia sempre foi o de que a diversificação em negócios relacionados tem maior possibilidade de sucesso por tornar esta diversificação uma atividade com sinergia. Assim foi com a entrada de piso laminado, que se somou aos carpetes e tapetes tradicionais de forma sinérgica porque, com a mesma equipe, a mesma instalação, permitiu uma melhor atenção às demandas do mercado e também o aumento dos volumes. Dentro do mesmo critério foram introduzidas posteriormente cortinas e persianas. Com a diversificação da linha de produtos, a empresa passou a abrir lojas próprias e a criar uma rede de fiéis parceiros em diversas cidades do país, aumentando assim o potencial de negócios.

Como ocorre em todos os mercados, o surgimento de novos competidores, no caso empresas estrangeiras que compraram lojas de material de construção e ampliaram a linha de produtos introduzindo carpetes e pisos laminados, levou os sócios a pensar em outras atividades. Mesmo contrariando o princípio de diversificações relacionadas, partiram para uma diversificação não relacionada, que foi a de empreender no ramo da construção civil.

De início, os sócios começaram apenas como investidores junto a terceiros em obras menores e posteriormente em parceria com empresa de engenharia. Aos poucos foram adquirindo conhecimento nos novos empreendimentos e, em seguida, lançaram-se sozinhos em empreendimentos maiores, tendo construído duas torres com 350 apartamentos. Mesmo com a crise na construção civil, conseguiram executar e entregar no prazo os empreendimentos, que realizaram com sucesso, e mantêm até hoje atividade neste setor, juntamente com a atividade comercial, que foi o início dos seus negócios. Com a aquisição de terrenos para erguer novos edifícios, vão dar continuidade aos investimentos neste setor, enquanto o negócio da Carpet Express continua sendo constantemente renovado para se adequar às mudanças do mercado.

Lições que este caso nos fornece

1. A entrada de um novo sócio com novas ideias termina impulsionando o negócio, entrando no atacado e criando uma rede de distribuidores e lojas próprias.
2. As diversificações relacionadas impulsionaram o negócio principal.
3. Com criatividade comercial e inovação tecnológica, a empresa se torna uma das maiores na sua especialidade.
4. A diversificação para negócios não relacionados é realizada com sucesso, contradizendo o princípio preconizado na estratégia de diversificar para relacionados com sinergia.
5. Mesmo com a crise na construção civil, os sócios entregam pontualmente seus empreendimentos e obtêm sucesso comercial, continuando em ambas as atividades.
6. Flexibilidade e criatividade para mudar sempre que necessário são características dos sócios.

Este é um caso de sucesso empreendedor em negócios não relacionados.

Madezorzi

CASO 20

> "Não há nada mais relevante para a vida social
> que a formação do sentimento de justiça."
> – Ruy Barbosa

A Madezorzi era uma importante empresa madeireira no Rio Grande do Sul. Possuía grandes plantações de árvores para exploração de madeira e serraria própria para a produção de chapas de madeira laminada e chapas de madeira compensada prensada e aglomerada. Era uma empresa bem-sucedida administrada pela família. Em determinado momento, surgiu uma oportunidade interessante de adquirir o frigorífico da cidade, que possuía instalações modernas e estava atravessando dificuldades.

O fundador da Madezorzi, homem empreendedor, acreditou no negócio e terminou adquirindo o frigorífico por um valor interessante, mesmo sabendo que ninguém da família tinha experiência neste negócio não relacionado. Dessa forma, teve de confiar nos executivos do frigorífico, que passaram a administrar o novo empreendimento sem participação da família.

É importante mencionar que foi uma aquisição que representava um valor equivalente ao da Madezorzi. O investimento e a necessidade de giro para operar o negócio significavam dobrar o capital necessário. Mesmo sendo o preço de aquisição conveniente, os recursos necessários para a operação eram elevados.

Quando se investe numa nova empreitada, digamos 10% do capital utilizado no negócio principal, o risco envolvido é relativamente pequeno, mas quando se trata de investir 100% do capital ou dobrar o tamanho do negócio, se o mesmo fracassar, vai trazer repercussões muito negativas para o negócio principal.

Sem conseguir controlar a nova operação e sem conhecimento da forma de comercialização, aquisição de matéria-prima e processo de industrialização, os prejuízos do frigorífico foram elevados e passaram a comprometer o negócio principal. Isso provocou endividamento e dificuldades que levaram muito tempo para ser solucionadas, apesar do patrimônio da empresa em propriedades e plantações ser fonte de garantia da dívida.

 Lições que este caso nos fornece

1. Adquirir um negócio do mesmo tamanho do que o negócio atual exige elevado investimento, mesmo que o preço de aquisição seja convidativo.
2. Esta diversificação não relacionada sem conhecimento do negócio representa aventura de elevado risco.
3. A entrega da gestão a terceiros se provou de grande vantagem para os gestores e de prejuízo para os novos proprietários.
4. Os problemas decorrentes do endividamento no novo negócio terminaram provocando dificuldades na principal atividade e que levaria muito tempo para solucionar.

Este foi um caso em que a diversificação não relacionada se provou de fracasso naquele momento, comprometendo o negócio principal.

PAUSA PARA MEDITAÇÃO

Anos atrás, Akio Morita, presidente da Sony, teve a inspiração de construir um rádio pequeno quando observou um diretor da empresa se locomovendo carregando um rádio pesado para ouvir as notícias. Assim surgiu o rádio transportável, que passou a ser fabricado em série.

A capacidade inicial era de fabricar 50 mil unidades anuais a serem oferecidas a grandes distribuidores.

No contato com a empresa Bulova, esta gostou da ideia, porém exigiu que fosse fabricado com a marca Bulova. Akio Morita argumentou que a marca Bulova já era conhecida e que ele queria tornar a marca Sony também conhecida e, assim, deveria ser com a marca Sony.

O negócio não se concretizou e Akio Morita passou a procurar outros parceiros. Numa próxima negociação chegaram a um acordo para ser com a marca Sony. Gostaram tanto da ideia que quiseram encomendar 100 mil unidades. E o preço orçado por Akio Morita foi de 50 dólares por unidade para 50 mil unidades e de 65 dólares por unidade para 100 mil unidades

Os compradores estranharam por que o preço ser maior numa encomenda maior, ao que Akio Morita explicou que a quantia maior significava novo investimento e que para ambas as partes o ideal era negociar as 50 mil unidades, e foi o que aconteceu.

Este exemplo mostra que o raciocínio linear nem sempre é o mais conveniente para as partes e que numa negociação era preciso que se buscasse otimizar o resultado.

Cia De Zorzi

CASO 21

"Só fazemos melhor aquilo que repetidamente insistimos em melhorar. A busca da excelência não deve ser um objetivo, e sim um hábito."
– Aristóteles

A Cia De Zorgia era uma empresa produtora de celulose e papel, pertencente ao grupo De Zorzi. Era comandada por um dos filhos chamado Nelton de Zorzi e tinha duas unidades produtivas: uma na cidade de Cambará do Sul, no Rio Grande do Sul, destinada à produção de celulose, e outra na cidade de Pindamonhangaba, em São Paulo, que produzia papel.

No início, a produção de papel era destinada a produtos tradicionais, como cadernos, ou para fabricar itens no segmento de higiene, como papel higiênico. No entanto, a máquina de papel de Pindamonhangaba era pequena e não conseguia competir com fábricas da Klabin ou do grupo Simão, ou ainda de outros grandes fabricantes. Dessa forma, e com criatividade, Nelton orientou a empresa para desenvolver produtos especiais, que seriam fabricados com tiragens menores, o que não era possível de se fazer nas grandes máquinas, e com valor agregado permitiria preços melhores.

Alguns produtos desenvolvidos se destinavam a substituir outros importados que não fossem até então fabricados no Brasil. Com essa estratégia de diferenciação dos grandes produtores, conseguiram resultados muito melhores do que os obtidos com os produtos tradicionais. Com gestão enxuta e produtividade, as fábricas de Cambará e Pindamonhangaba contribuíram positivamente para o Grupo De Zorzi, que tinha feito um mau negócio na aquisição de um frigorífico, como relatei no caso anterior.

 Lições que este caso nos fornece

1. Substituir produtos importados por nacionais em pequena escala pode ser uma solução adequada quando a capacidade instalada é própria para este tipo de produção.
2. Fábrica antiga e máquina de baixo volume não conseguem competir com fábricas de alta capacidade e grande volume em produtos de higiene.
3. Baixos volumes e trocas frequentes de produtos são próprios de máquinas menores e os grandes fabricantes não conseguem competir nesse mercado.
4. Com engenhosidade, a fábrica de Pindamonhangaba mudou o seu perfil de produtos e mercados.
5. Com a mudança de produtos e substituição de importados, mudou o perfil da empresa e passou a contribuir positivamente para o grupo.

Este é um caso de adaptabilidade da unidade produtiva para os produtos que melhor atendam o mercado e aperfeiçoem o uso dos equipamentos.

Semco

CASO 22

> "O primeiro método para se estimar a inteligência de um governante é olhar para os homens que tem a sua volta."
> – Nicolau Machiavel

Antonio Semler, fundador da Semco – que fabricava partes para navios, além de centrífugas –, e sua esposa tinham dois filhos, sendo uma moça e um rapaz, e a dúvida deles estava relacionada em como tratar do processo sucessório na empresa, uma vez que já tinham certa idade e se preocupavam com o futuro e com a herança. Tivemos vários encontros de aconselhamento e a solução encontrada foi deixar o controle da empresa com o filho Ricardo Semler, que estava motivado para assumir o negócio, e deixar bens equivalentes com a filha Susam.

Ricardo assumiu e desde o início imprimiu seu estilo pessoal, fazendo uma série de alterações que mais tarde publicou no seu livro *Virando a Própria Mesa*. Neste livro, ele relata a filosofia moderna de gestão que imprimiu ao negócio e que foi uma espécie de revolução de conceitos. Acreditando em horário flexível e deixando os operadores escolher a cor das máquinas que operavam, entre muitas outras novidades, objetivava um ambiente salutar de trabalho e a satisfação de seus colaboradores. O seu modelo de negócio tornou-se muito conhecido e havia peregrinação de empresas e pessoas em visitas à empresa para conhecer o novo estilo de gestão, que eram acompanhadas por Clovis, braço direito de Ricardo.

Durante certo período, fui incumbido pelo Ricardo de coordenar reuniões do Conselho de Administração, que era composto pelos principais executivos, num estilo de gestão participativa. Nessas reuniões com os diretores, e muitas vezes também com a presença de Ricardo, tive a oportunidade de comprovar o forte poder de liderança que ele exercia sobre seus imediatos, tanto como dono quanto pela sua personalidade forte. Assim, pude constatar que, apesar do estilo participativo que era promovido, o seu estilo pessoal predominava com forte liderança, ampla visão de negócios, inteligência, carisma e estilo amável e respeitoso com todos.

Em certa ocasião, convidei o Ricardo, junto com o Dr. José Mindlin, da Metal Leve, para darem seus depoimentos num dos meus seminários com executivos. O Dr. Mindlin ficou encantado com Ricardo e o convidou a participar de atividades na Fiesp, a Federação das Indústrias do Estado de São Paulo. Com o sucesso obtido e a repercussão de seu estilo de direção, também Ricardo passou a ser convidado para ministrar palestras que eram bem remuneradas e cujos recursos recebidos eram destinados a uma fundação dos funcionários, em empresas e associações.

Graças à sua formação eclética, a suas inúmeras viagens, experiência internacional e domínio de línguas, conseguiu relacionamentos comerciais com empresas estrangeiras e associações na prestação de serviços, ampliando o leque de oportunidades do grupo. Ricardo sempre teve uma atitude criativa e proativa, fazendo sucesso dentro das atividades que escolhia. No campo da formação pessoal, Ricardo escolheu Harvard para complementar a sua formação, onde, porém, inicialmente não foi aceito. Ele não se deixou desanimar. Muito persistentemente foi até a escola e, após várias tentativas, foi aceito e concluiu lá os seus estudos.

A última novidade do Ricardo foi diversificar para um negócio não relacionado e empreender no setor hoteleiro, num local afastado da cidade de Campos de Jordão, o bairro dos Melos. Com relação à última iniciativa de Ricardo, não tenho condições de avaliar se este empreendimento está sendo ou será de sucesso no futuro, por já estar afastado faz tempo do grupo Semco. No entanto, espero e desejo o seu sucesso também nesta nova atividade.

Lições que este caso nos fornece

1. É possível criar novas formas de gestão que objetivam a satisfação dos funcionários.
2. Estas novas formas demonstraram ser eficazes e, ao mesmo tempo, aumentaram a produtividade.
3. A formação pessoal, viagens realizadas, conhecimento de línguas e até a família foram fatores para o sucesso.
4. A persistência nos seus propósitos foi demonstrada ao ser aceito em Harvard.
5. A opção por diversificar é uma demonstração do desejo de não dependência de um negócio só e da busca permanente por sucesso, realizando empreendimentos em que acredita firmemente.

Este é um caso de sucesso empreendedor pessoal e da empresa com espírito altamente criativo e inovador.

Bradesco

CASO 23

> *"De nada valem as ideias sem homens que possam pô-las em prática."*
> – Karl Marx

O Sr. Amador Aguiar, fundador e presidente do Bradesco, maior banco privado brasileiro na época, frequentava o Clube Paulistano, onde fazia sauna junto com o Dr. Horácio Cherkassky. Em certa ocasião, falando de negócios, o Sr. Amador teria perguntado ao Dr. Horácio se conhecia algum consultor para ajudá-lo no banco, e o Dr. Horácio indicou meu nome por ter conhecido os meus serviços em várias entidades em que ele atuava. Assim foi que tive minha primeira entrevista com o Sr. Amador Aguiar. Nessa ocasião, ele me perguntou o que eu recomendaria sobre a conveniência de mudar a administração da Cidade de Deus, em Osasco, para o interior, devido à valorização da área que o banco ocupava na Cidade de Deus.

Entendi que estava me testando para ver se eu era esnobe dando uma solução e, prontamente, respondi que não tinha uma resposta, que para isso era preciso um aprofundamento. A pergunta era de muita responsabilidade. Ele gostou de minha resposta e meus serviços passaram a ser aceitos, colocando-me ao lado de Lázaro Brandão, na época diretor adjunto e que mais tarde seria o escolhido para suceder Amador Aguiar na direção como presidente e, depois, como presidente do Conselho de Administração do banco.

O Bradesco possuía suas peculiaridades. Para começar, a estátua que estava colocada logo adiante da entrada da sede na Cidade de Deus era de um burro de carga como símbolo de trabalho. Naquela época, era moda também entre os jovens usar cabelo comprido. Como no banco isso não era permitido, foi colocado na portaria um barbeiro ao qual eram encaminhados os que chegassem com muito cabelo. Assim alguns espertos passaram a amarrar o cabelo para que os porteiros não os encaminhassem para o corte.

Outra característica peculiar do banco era a sua sala de guerra, ou sala da diretoria. Nela o Sr. Amador tinha uma única mesa individual no meio da ampla sala, e havia também duas mesas grandes destinadas às reuniões da diretoria. Todas as mesas sem papéis. A secretaria ficava numa sala ao lado e as secretárias forneciam os dados dos clientes em prontuários cuidadosamente elaborados, para permitir a tomada de decisões em geral sobre capacidade ou não de o cliente assumir empréstimos.

A primeira tarefa que recebi foi no setor da gráfica. Era uma importante instalação, onde eram produzidos todos os impressos do banco, desde os formulários contínuos para os computadores até os materiais promocionais. Era um setor que o Sr. Amador Aguiar prestigiava, pois ele tinha sido gráfico no início de sua carreira. Em certa ocasião, presenciei o fechamento da gráfica por um dia. Questionei o que havia ocorrido e fiquei sabendo que dirigentes da gráfica tinham recebido propina de fornecedores de fotolitos. Vários dirigentes foram sumariamente demitidos, alguns com muitos anos na função. A inspetoria do banco, que era um setor temido, tinha entrado na gráfica e revirado as mesas na busca de mais provas para justificar as demissões. No dia seguinte, tudo voltou a funcionar com novas designações.

Um episódio que ficou marcado no banco foi certa vez em que os bancários decretaram greve, obrigando as agências a fecharem as portas. Uma agência situada na Avenida Paulista estava cercada pelos manifestantes e os funcionários ficaram dentro do prédio relutando em sair. Eles não tinham aderido à greve. O Sr. Amador Aguiar não teve dúvida. Embarcou no helicóptero e dez minutos depois desceu num prédio ao lado da agência, furou o piquete de manifestantes, entrou na agência e cumprimentou cada um dos funcionários presentes.

Após um período de aproximadamente seis meses introduzindo melhorias na gráfica, fui encaminhado ao setor de administração na sede da Cidade de Deus, que tratava de todos os assuntos relacionados à manutenção, veículos e transportes de valores, como também de novas construções na Cidade de Deus. Participei de diversas ações junto com o responsável e verifiquei que, devido aos roubos de veículos blindados, às vezes eram utilizados Fuscas da Volkswagen para transportar valores, enquanto os veículos de segurança transportavam malotes de papéis. Era uma tática para ludibriar os bandidos.

Atuei posteriormente no setor de arrecadações, mas sempre fazendo reuniões com Lázaro Brandão. Os encontros eram na sala grande de reuniões da diretoria, onde se decidia tudo que era relativo ao banco. A reunião da diretoria, uma vez por semana, iniciava-se rigorosamente às 8 horas. O Sr. Amador Aguiar e todos os diretores pontualmente tratavam dos assuntos importantes. Estive presente numa das reuniões da diretoria e me lembro de que, exatamente às 9 horas, o Sr. Amador se levantou e disse: "o que não foi tão importante para ser debatido na primeira hora fica para ser tratado na sala da diretoria". Eram reuniões normais de expediente de uma hora com a presença de todos os diretores. No entanto, quando uma mudança na legislação ou na política econômica era anunciada, o banco fechava as suas operações e a diretoria se fechava em reunião durante o tempo que fosse necessário: um dia inteiro, dois dias, ou mais, até definir como passaria a operar a partir das novas medidas. Ou seja, as reuniões estratégicas eram demoradas e tomavam o tempo que fosse necessário e as reuniões de expediente eram rápidas, sem perda de tempo.

Um setor que criei durante minha consultoria foi o que se destinava a padronizar e organizar os impressos do banco. Quando iniciei meus trabalhos, havia uma infinidade de impressos criados por todos os setores, muitos improvisados, para a execução de tarefas de rotina. Foi contratado um analista de sistemas para executar a implantação das normas DIN em todos os formulários, rever os que estavam sendo usados e racionalizá-los. Mais tarde, pela demanda grande de serviços, este setor foi ampliado para perto de 100 funcionários e o analista de sistemas se tornou diretor do banco.

Fiquei prestando serviços de consultoria ao Bradesco por um período de mais de dez anos, com a colaboração de dois funcionários. Assisti, nesse período, à estratégia importante do banco de crescer por meio de aquisições de bancos menores, incorporando-os à sua filosofia, enxugando seus quadros e, desta forma, mantendo a sua posição de maior banco privado nacional durante muitos anos.

Lições que este caso nos fornece

1. Apesar de ser uma grande organização, muitos aspectos eram falhos na gestão.
2. Este não é um caso estratégico, porque minha atuação foi periférica e somente parcial no banco, atuando no setor de arrecadações.
3. Forte liderança dava ao Bradesco segurança e confiabilidade.
4. A visão do Sr. Amador Aguiar de me colocar junto ao Sr. Lázaro Brandão, que mais tarde foi o seu substituto.
5. A importância do setor de inspetoria, respeitado por todos e impondo normas e princípios de funcionamento.
6. Abertura para mudanças, especialmente melhoramentos, como característica.
7. Forte investimento em tecnologia bancária e líder durante muitos anos como maior banco privado do país.

Este é um caso de sucesso empresarial incontestável com espírito conservador e disciplinado.

LUPO

Meias Lupo

CASO 24

> *"Eu mudo para continuar eu mesmo."*
> – Jean-Paul Sartre

Este relato sobre a Meias Lupo se refere à época de gestão dos senhores Wilton Lupo e Elvio Lupo, período em que atuei nessa empresa. O Dr. Horácio Cherkassky era amigo dos Lupo e também, como advogado, uma espécie de conselheiro em assuntos legais. Os filhos do Sr. Wilton eram o Alexandre e o Ricardo, e o do Sr. Elvio, o Elvinho Lupo.

Empresa de sucesso, sediada em Araraquara (SP), a Meias Lupo era na época a maior fabricante de meias para homens. Posteriormente, com a aquisição de outros equipamentos, foi aos poucos introduzindo meias de mulher em sua linha. O Sr. Wilton cuidava especialmente da parte comercial e administrativa e o Sr. Elvio da parte de produção e técnica. Ambos se complementavam e a gestão era tranquila e ordenada, com uma equipe de imediatos de muito bom nível, tanto na administração e contabilidade como na fábrica, com destaque para a manutenção dos equipamentos. Sendo líder no mercado, a Meias Lupo era reconhecida pela qualidade dos seus produtos, especialmente as meias de algodão, que uso desde então.

Minha assessoria estava orientada para a parte da fábrica onde havia maior contingente de pessoal trabalhando em operações manuais, e na área administrativa sobre procedimentos – introduzindo melhoramentos que fossem possíveis – nos custos, na área contábil e no setor de recursos humanos.

Também conversava muito com os dirigentes sobre o futuro e as estratégias a seguir. Em Araraquara, eu ficava hospedado no prédio da fábrica, onde havia uma área com apartamentos para visitas. Sempre que os diretores vinham a São Paulo, tínhamos encontros no almoço, quando era servido o tradicional arroz, feijão e bife. Os dois irmãos eram pessoas muito gentis e profissionais e dirigiam o negócio com seriedade e humildade.

Um item que observei na área comercial tinha relação com o volume de vendas que estava sendo realizado e o potencial do mercado. Nessa ocasião, verificou-se que o potencial do mercado do interior do Estado de São Paulo e o da capital era de 50 % do total. Este potencial se dividia em 25% na capital e 25% no interior. No entanto, a participação da capital era de 25%, mas o interior participava somente com 15%. O escritório de vendas estava na cidade de São Paulo, no centro. Era muito mais confortável vender aos clientes que se encontravam na capital do que viajar para vender em todo o Estado.

Constatada esta situação, decidiu-se então abrir um pequeno escritório de vendas na fábrica em Araraquara, que se destinaria exclusivamente às vendas no interior. Em pouco tempo, foi atingida a meta de 25% de participação do interior ajustada ao potencial da região. Destacamos a constante preocupação com a produtividade e com a qualidade das meias Lupo.

Com relação à divulgação da marca e a promoções, após diversas experimentações, nossa consultoria chegou a um número ideal de investimento para esta finalidade, que foi de 3% do faturamento. A destinação deste percentual do faturamento se provou ideal para obter ótimo resultado, especialmente concentrado em épocas como o Dia dos Pais e as festas de fim do ano. Comparando com outro cliente da mesma época, o Playcenter, o número ideal de propaganda era de 8% do faturamento.

O estilo simples de vida dos dirigentes da Meias Lupo como exemplo para todos os funcionários, as equipes sempre motivadas e o pessoal técnico e de manutenção muito bem preparado para lidar com as máquinas foram também fatores de sucesso da empresa. Enquanto os senhores Wilton e Elvio estiveram dirigindo a empresa, foi muito prazeroso trabalhar na Meias Lupo. Posteriormente houve a formação de um conselho de acionistas e a nomeação de novos dirigentes.

O filho Alexandre foi direcionado, como relatei no caso da Metalúrgica Abramo Eberle, como engenheiro e construtor para dirigir aquela empresa, em Caxias do Sul. O outro filho, Ricardo, foi orientado para administrar os bens da família, e o filho do Sr. Elvio, o Elvinho, resolveu fazer carreira em empresas fora da Lupo, também com bastante sucesso.

 Lições que este caso nos fornece

1. Empresa líder investe em propaganda e obtém o seu número mágico ideal para obter resultados.
2. Gestão orientada à qualidade de produtos como fórmula de sucesso.
3. Direcionamento das vendas para atingir o potencial do mercado consumidor reforçando o interior de São Paulo foi muito oportuno.
4. Empresa com ótimo ambiente de trabalho, tendo sido prazeroso trabalhar para ela.
5. Empresa familiar com dois irmãos se complementando na gestão e com estilo simples e profissional.

Este é um caso de sucesso com marca e produto líder no mercado de meias.

Centro de Recuperação e Orientação Nutricional (CREN)

CASO 25

> *"Não há excesso de liberdade se aqueles que são livres são responsáveis. O problema é liberdade sem responsabilidade."*
> – MILTON FRIEDMAN

Este caso é de uma ONG, o Centro de Recuperação e Orientação Nutricional (CREN), que foi criada 23 anos atrás por acadêmicos da Universidade Federal de São Paulo (Unifesp) ligados à Igreja Católica, que desejavam prestar serviço para a comunidade no tratamento da desnutrição infantil na população mais carente e desenvolver novos conceitos acadêmicos para aplicar na universidade com relação ao desenvolvimento de uma alimentação saudável. Esta ONG iniciou modestamente suas atividades, com uma unidade em local cedido pela Igreja, na Rua das Azaleias, no bairro de Vila Mariana, em São Paulo. Suas principais diretoras e iniciadoras da ideia foram Ana Lydia Sawaia, Gisela Solymos e Maria Luiza Soares.

A filosofia básica do grupo era tratar as crianças desnutridas, especialmente oriundas das favelas, e ao mesmo tempo orientar as famílias não somente na questão da nutrição, mas também no que se refere ao sustento da família e às condições de higiene e salubridade do ambiente onde a criança convive. Para fazer a recuperação das crianças desnutridas, algumas chegando ao CREN em situação bastante grave, é preciso uma semi-internação durante o dia todo para as crianças receberem alimentação adequada, terem momentos de repouso e poderem integrar-se com outras crianças em atividades de lazer. Elas também recebem banho e, quando chegam com alguma doença, são tratadas por um médico.

Muitas experiências de sucesso na recuperação foram consolidando o método utilizado pelo CREN. Mas o número de crianças atendidas era limitado e então surgiu o atendimento ambulatorial, em que a criança é atendida por profissionais em hora e dias determinados, e com certa frequência, até se perceber melhora no tratamento. A entidade era pouco conhecida e para conseguir apoio a suas atividades contava com auxílio de entidade ligada à Igreja na Itália, a AVISI, além de apoio da prefeitura. No entanto, nesses 23 anos de atividade, conseguiu também o apoio de voluntários, que passaram a ajudar as diretoras.

Um conceito que provocou impacto foi o da curva de desenvolvimento de Georg Land, pelo qual é demonstrado que a estagnação leva à decadência, sendo necessário combater a entropia que normalmente se instala em tudo. Este conceito foi um dos motivadores da necessidade de crescer e ampliar o escopo de atuação desta ONG. Uma das estratégias adotadas foi a da necessidade de multiplicar a ação do CREN para assim reduzir os casos de desnutrição e contribuir com famílias carentes e muitas vezes desestruturadas por problemas de drogas e ou envolvimento em latrocínios e assaltos e com histórico de prisões.

Simultaneamente ao trabalho interno com as crianças, o grupo de técnicos desenvolveu outra estratégia, que foi a de multiplicar a aplicação dos conceitos desenvolvidos e publicar materiais com essa finalidade. Para produzir textos educativos, contou com recursos do Banco Nacional de Desenvolvimento Econômico e Social (BNDES) a fundo perdido e foi editada coleção de livros, lançada em 2002 em português e inglês.

A equipe de profissionais do CREN é composta por médicas, assistentes sociais, pedagogas, nutricionistas e psicólogas, cada uma atuando em sua especialidade, além de professoras, que lidam diretamente com as crianças em grupos pequenos, de no máximo 20 crianças. Essa equipe desenvolveu os materiais que foram publicados com recursos próprios. Foram ainda desenvolvidos e divulgados parâmetros e estatísticas que tinham por finalidade influenciar as políticas públicas, como a elaboração de merenda escolar com adequado valor nutritivo.

Em reconhecimento ao seu trabalho, o CREN já recebeu as seguintes premiações: Prêmio Bem Eficiente, reconhecimento como Referência Nacional para o Tratamento e a Prevenção da Desnutrição Infantil pela Unicef, Prêmio ODM Brasil em 2007, Prêmio Empreendedor Social da Fundação Schwab e *Folha de S.Paulo* e Prêmio Projeto Generosidade Social pela Editora Globo em 2013, entre outros.

A sua atuação se diferencia profundamente da atuação das creches. Para estas, o CREN passou também a desenvolver cursos de treinamento para aperfeiçoar a utilização dos alimentos e se orientar para fornecer às crianças alimentos saudáveis. Cursos também são oferecidos para as mães sobre aproveitamento de alimentos naturais e frutas em todo o seu potencial nutritivo.

Ana Lydia e Gisela também participam, no Instituto de Estudos Avançados da USP, de um grupo de estudo sobre o tema Nutrição e Pobreza. Junto com um grupo de especialistas são desenvolvidos conceitos e também influenciadas as políticas públicas no setor de alimentação saudável.

Em 2001, dando continuidade a sua expansão, o CREN iniciou atividade de campo na cidade de Jundiaí (SP), como também atividades, por meio do CREN Projetos, para divulgar a metodologia em creches e atender a demanda de serviços de consultoria para terceiros.

Em 2007, foi inaugurado o CREN de Maceió (AL), numa espécie de franquia com a Dra. Telma Toledo Florêncio, da Faculdade de Nutrição da Universidade Federal de Alagoas, e criado um comitê técnico científico na mesma época. A segunda unidade do CREN na cidade de São Paulo foi criada na Vila Jacuí, na Zona Leste da cidade, ao lado de uma grande comunidade de 35 mil habitantes.

Para se ter uma ideia do trabalho realizado desde a sua criação, foram atendidas mais de 130 mil crianças e adolescentes, fornecidas 243 mil passagens de ônibus, 270 mil atendimentos, servidas quase 1,5 milhão de refeições e elaborados 98 publicações científicas e 16 livros e manuais. Estima-se que mais de 3 milhões de pessoas foram beneficiadas indiretamente pelo trabalho do CREN.

Ultimamente, o CREN tem diversificado as suas atividades dentro do conceito de educação para alimentação saudável, tratando também de crianças obesas, pois se verifica hoje uma tendência de crescimento do problema da obesidade infantil por inadequada alimentação. Além de sua atuação no Brasil, desde 2002 o CREN tem, por meio do setor de projetos, expandido assistência internacional na América Latina com ações na Colômbia, Peru, Honduras, Haiti, México e Argentina, como também na Europa (Itália e Espanha).

O trabalho de Gisela, como diretora-geral, tem ampliado o seu campo de atuação, realizando um grande número de incursões em nível internacional, na busca de novos relacionamentos que possam enriquecer o trabalho do CREN e ainda aperfeiçoar o nível de conhecimento já conquistado. Muitos trabalhos e pesquisas complementares poderiam ser desenvolvidos e, para isso, o CREN tem mantido contato com fundações internacionais e com universidades fora do Brasil.

> No livro que conta a história do CREN, consta um epílogo, assinado por Gisela Solymos, que considero oportuno reproduzir aqui. É o seguinte:
>
> "Certa vez, ainda criança, observei um homem pedindo comida na rua. Ao longo da vida, essa cena me acompanhou como uma interrogação. Afinal, por que alguém, uma pessoa como eu, deveria viver dessa maneira? Hoje, na maioridade do CREN, a cena permanece em minha memória, não mais como uma mágoa (embora algo assim seja sempre um insulto à dignidade), mas como uma possibilidade, sim, que pode resgatar o ser humano por pior que seja a condição em que se encontre.
>
> Resgatar é um verbo essencial no trabalho do CREN. Resgatar para além da desnutrição, da obesidade, das linhas estabelecidas como critério para pobreza e ou miséria. Preocupa-nos a perda da humanidade, a ausência de dignidade. Preocupa-nos a solidão, a falta de confiança em si e nos outros, o cancelamento do desejo de ser feliz. Para nós, nutrir e colaborar no resgate da pessoa fragmentada e impotente diante das adversidades.
>
> O senso comum associa a boa nutrição à alimentação adequada, renda suficiente, acesso aos serviços sociais e à saúde. Nossa experiência comprova que, embora essenciais, esses não sejam os únicos elementos que precisam ser enfrentados para garantir os problemas da subnutrição e da obesidade. Além disso, não devem ser abordados de maneira fragmentada.
>
> É determinante uma atuação interdisciplinar, é também fundamental reconhecer a natureza subjetiva do sofrimento e enfrentá-la, afinal, quando o aspecto fisiológico vem à tona (como doença nutricional), todos os outros, a afetividade, os vínculos, a estima de si, já estão esgotados há tempo.

> A proposta de nosso trabalho é estimulante, os resultados são duradouros e comprovados e os desafios para os próximos anos são observados como oportunidades.
>
> Depois de 21 anos de trabalho incessante, deixamos nossa marca e gostaríamos de dizer a todos que de alguma forma participaram dessa experiência, a vocês, nossa gratidão e reconhecimento. Por vocês, seguimos em frente".

Gostaria de destacar o papel importante que esta ONG tem desempenhado junto às comunidades onde atua. Além de todas as atividades mencionadas, oferece espaço para jovens estudantes da Unifesp realizar um período de aprendizagem sobre nutrição no CREN. As ONGs, em geral, têm um papel importantíssimo a desempenhar nos campos da saúde e da educação, como complemento à função do Estado de prover serviços adequados para a população.

Como toda entidade em crescimento, o CREN enfrenta problemas próprios de sua fase de desenvolvimento. Desta vez relacionada à postura ética com relação a convênios com a indústria de alimentos e/ou a indústria farmacêutica, quando estas, em lugar de nutrir, produzem "alimentos" que prejudicam a saúde ou medicamentos que provocam cronicidade em lugar de curar.

Serão estudadas normas com ajuda de um Comitê Científico composto por membros de importantes fontes universitárias para determinar em que casos são permitidos estabelecer convênios ou prestar consultoria a estas entidades sem ferir princípios éticos.

 Lições que este caso nos fornece

1. Num momento inicial foram percebidos o processo de entropia e a necessidade de crescer.
2. A curva de desenvolvimento mostra que a entidade cresce e se desenvolve ou ela entra em declínio e desaparece – Georg Land, grupo de criatividade de Buffalo.

3. Equipe multidisciplinar realizando um trabalho de combate à desnutrição e obesidade e ao mesmo tempo tratando dos fatores que influenciam a vida da criança.
4. Espírito abnegado de contribuição responsável para o bem da comunidade como norte.
5. Sustentabilidade como lema para conseguir resultados positivos nas comunidades carentes concentradas nas comunidades.
6. Estratégias de crescimento definidas com dois enfoques: por um lado, no atendimento da população carente e necessitada de ajuda para combater a desnutrição e obesidade e, por outro lado, na divulgação de conceitos e princípios científicos elaborados a partir da experiência do CREN no tratamento de crianças e adolescentes.
7. Preocupação com aspectos éticos relacionados à indústria de alimentos mereceu destaque e abordagem para criar normas e princípios de relacionamento.

Este é um exemplo de sucesso empreendedor de uma ONG, no meio de muitas empresas privadas e/ou entidades do governo e estatais relatadas neste livro.

PAUSA PARA MEDITAÇÃO

Igor Ansoff recomendava em muitos casos analisar situações com o que considerava "visão helicóptero", distanciando-se para melhor observar os acontecimentos.

A ideia de construir uma cidade no interior do país para ser a capital federal foi concebida inicialmente no século XVIII pelo Marquês de Pombal e reforçada com a chegada da corte portuguesa ao Rio de Janeiro em 1808.

Mas somente em 1959, com a eleição de Juscelino Kubitschek, que a ideia passou a ser concretizada segundo o plano urbanístico de Lúcio Costa e orientação arquitetônica de Oscar Niemeyer.

Hoje, com essa visão helicóptero e após ser inaugurada em 1960, podemos avaliar alguns aspectos relacionados com a intenção quando foi idealizada e a realidade que provocou.

Pensada para comportar 500 mil habitantes, no ano 2000, tinha nessa data mais de 2 milhões de habitantes.

Brasília também sofreu uma série de distorções com relação ao projeto original e uma delas foi a construção dos anexos dos ministérios para receber maior número de funcionários públicos.

Com espaço ilimitado para crescimento, Brasília se transformou no local de maiores salários do Brasil, a exorbitante máquina do governo e um gasto para a construção que desequilibrou as contas já logo após a sua construção.

Analisando estrategicamente a motivação de interiorizar o desenvolvimento, esqueceu-se de fazer o tradicional *benchmarking*, ou seja, ver como isto se processou em outros continentes e em outros países.

Se tivesse sido feito isso, teria se verificado que a interiorização foi conquistada com a construção de estradas de ferro, com outras obras de infraestrutura, como pontes, rodovias, escolas e hospitais.

Em lugar disso, foi construída uma cidade com o plano piloto reservado às elites e segregando os menos favorecidos para as cidades-satélites.

Infelizmente, a mudança do governo para Brasília esvaziou o Rio de Janeiro, onde no Palácio do Catete estaria limitado o crescimento do funcionalismo e da máquina do Estado. E o Rio de Janeiro sofre até hoje esse esvaziamento, com graves problemas como o tráfico de drogas e a insegurança urbana.

Com visão de helicóptero, podemos afirmar, decorrido todo esse tempo, que Brasília, considerada por muitos como a ilha da fantasia, distanciada da realidade do país, foi um grande erro estratégico por não ter conseguido, ao ser idealizada, prever o que aconteceria nos anos a seguir.

E com relação a interiorizar o desenvolvimento, teria sido muito mais econômico e racional tê-lo promovido com estradas de ferro e com estrutura que estimulasse a implantação de centros produtivos importantes pela facilidade de comunicação e transporte dos bens produzidos.

Não há muito que fazer para corrigir as distorções provocadas, mas algumas medidas poderiam ser derrubar os anexos, reduzir o tamanho do Estado, começando pela redução do número de ministérios, do número de funcionários, privatizar as estatais, incluída a Petrobras, reduzir as mordomias e os benefícios que os legisladores outorgam para si mesmos, ou seja, cortar os tentáculos da burocracia em suas múltiplas manifestações.

Sociedade Latino-America de Estratégia (SLADE)

CASO 26

> *"Só sei que nada sei, e o fato de saber me coloca na vanguarda sobre aqueles que acham que sabem alguma coisa."*
> – Sócrates

Este caso é de uma entidade chamada Sociedade Latino-Americana de Estratégia (SLADE), que foi fundada na cidade do Rio de Janeiro em 1986. Como esta foi uma iniciativa minha, acabei sendo nomeado o primeiro presidente da entidade.

Tomando como exemplo a Strategic Managment Conference (SMSC), que é uma sociedade criada em 1980 na School of Economics, em Londres, por um grupo de 50 especialistas em estratégia, a SLADE se propunha debater em suas conferências anuais os problemas específicos da realidade sul-americana. Como único participante latino-americano na inauguração do primeiro congresso da SMSC, pude acompanhar o elevado nível dos participantes, todos americanos ou europeus, e tão somente 50 pessoas.

A SMSC continua até hoje realizando os seus congressos e possui também uma revista especializada, que publica artigos científicos sobre estratégia. O número de participantes nas conferências aumentou muito nesses 37 anos. A SLADE, por sua vez, conseguiu formar um grupo coeso de profissionais, acadêmicos e empresários, que participam todos os anos de seus congressos com número elevado de membros de muitos dos países da nossa região. Grande quantidade de intercâmbios e experiências exitosas têm sido transmitidas nesses 31 anos de congressos, e a diretoria da SLADE e o representante dos países da região têm contribuído com as suas experiências para enriquecer o desempenho de cada um e de todos os que participam de seus congressos.

A cada ano, o congresso é realizado em um país, sendo que nos primeiros anos a concentração era no sul entre Uruguai, Argentina, Paraguai e Brasil, logo depois com Peru e atualmente com Colômbia, Equador, México, Costa Rica e Panamá. A cada ano também novos membros aderem aos congressos e passam a contribuir com as suas experiências para o bem comum e sem quaisquer outros interesses. Cada congresso deve cobrir os seus gastos e ser autogerenciado, equilibrando seu orçamento sem gerar perdas e sem objetivo de obter lucro.

 Lições que este caso nos fornece

1. A visão de futuro inspirada pelo exemplo da SMSC tornando realidade a criação de entidade latino-americana de sucesso.
2. Objetivo atingido de intercâmbio entre países da região de experiências estratégicas exitosas.
3. Difusão de conceitos e ferramentas que facilitam a implantação de projetos de desenvolvimento entre empresários, consultores e acadêmicos da região.
4. Iniciativa promovida no Rio de Janeiro e multiplicada em toda a América do Sul, atendendo carência de informação e conhecimento sobre estratégias.
5. Tema importante tanto para organizações como para o desenvolvimento pessoal dos elementos que participam dos debates.
6. Contribuição para o desenvolvimento utilizando instrumentos adequados, técnicas provadas como eficazes e conceitos formulados por especialistas em todo o mundo.

Este é um caso de sucesso empreendedor numa entidade sem fins lucrativos e que divulga conhecimento em seus congressos anuais mediante intercâmbios.

Interior paulista

CASO 27

> *"Seja um homem sério, brinque."*
> – Sócrates

Este caso é de um importante grupo empresarial do interior paulista, que integrava várias atividades familiares. No início, resumia-se a uma fábrica localizada em cidade vizinha de produto para consumo nas residências e que era tradicional. Com o tempo, o grupo diversificou suas atividades para tratores e máquinas para lavoura e também para o ramo de concessionárias de automóveis. Além disso, também tinha construído um pequeno shopping, onde costumávamos almoçar.

A filha de um dos fundadores do grupo me convidou para auxiliar na formação de um conselho de administração e também na gestão das empresas do grupo. Trata-se de família muito unida, que se encontra nos almoços no sítio dos fundadores, onde confraternizam e trocam ideias. A filosofia de manter unida a família foi protagonizada pelos sócios-fundadores, sendo que a geração dos filhos já se encontrava na direção de cada um dos negócios.

O andamento dos negócios relacionados ao comércio de veículos, no qual prevaleciam as marcas Volkswagen, Mercedes-Benz, Massey Ferguson, Toyota, entre outras, estava bom, com resultados positivos. A fábrica, no entanto, gerava perdas e era difícil reverter a situação. Como a gestão estava na mão de familiares, o tema era tratado com muita cautela e com ações fracas e de pouco efeito. Não era intenção magoar ninguém da família com uma atitude mais agressiva.

Tendo sido chamado para ajudar, nas reuniões que promovi do conselho fiz pressão para medidas mais fortes na fábrica. Porém, mesmo assim, poucas ações foram empreendidas. Uma das soluções encontradas foi ampliar a linha de produtos e fabricar acessórios, mas, sendo estes de baixo valor agregado, não resultaram em contribuição suficiente para permitir reverter resultados negativos em positivos. Restava então reduzir drasticamente as despesas, inclusive as remunerações de diretores, e buscar desta forma o equilíbrio entre receitas e despesas.

Paralelamente, o marido de uma das filhas do fundador tinha uma sociedade com o irmão dela em uma empresa construtora de sucesso. Era ele, o marido, que tomava todas as iniciativas e realizava os empreendimentos, sendo que o irmão exercia papel secundário e participava muito pouco. Assim, o marido estava insatisfeito por ele sozinho fazer tudo e o irmão da esposa se beneficiar sem esforço. Queria meu aconselhamento e talvez a sugestão de separação da sociedade. O meu conselho, no entanto, foi de continuar como estava. A minha experiência dizia que sempre existe nas sociedades alguém que comanda o barco e alguém que se beneficia sem fazer muito, e que isto é parte de sociedades. O irmão, na realidade, emprestava o nome do grupo, o que era importante na cidade.

Tivemos vários encontros na empresa e percebi que ele não convidava o sócio para reuniões importantes e decidia sozinho. Então fizemos uma reunião da família na casa dele, quando pude ouvir a esposa e a filha aconselhando-o a manter as boas relações com o irmão e com o tio, respectivamente. No caso dele, com o seu cunhado. Achei a ponderação da família muito adequada e também o aconselhei a ser mais político e tolerante e continuar não somente com a sociedade, mas também ouvindo mais a própria família e envolvendo mais o cunhado nos negócios.

Muitos empreendimentos tinham sido feitos na cidade com sucesso e havia planos de novos empreendimentos, tanto horizontais como prédios de apartamentos. As perspectivas de negócios eram muito positivas e provocar uma divisão era desaconselhável. Destaco o excelente nível dos fundadores entre si e com o pessoal, com comportamento muito agradável, extensivo aos membros da segunda geração em cada um dos postos de direção.

Outra possibilidade para o grupo seria a profissionalização gradativa de todos os negócios e direção da família desde o conselho de administração. Talvez seja a solução, em médio prazo.

 Lições que este caso nos fornece

1. Grupo empreendedor com negócios diversificados para atender necessidades regionais.
2. Prioridade à união da família em torno dos negócios criados.
3. Sucesso na maioria das atividades e pendência de solução para resolver negócio não rentável.
4. Sucesso também nas ramificações da família com entrada de novos membros via casamento.
5. Ambiente agradável e tratamento prazeroso dos dirigentes, facilitando motivação e dedicação entre os funcionários, percebido nos contatos tidos.
6. Evitando ser usado para provocar desentendimentos com o sócio do irmão, afastei-me da empresa dele, aconselhando ouvir a família.

Este é um caso de sucesso com algumas correções de rumo sendo necessárias e que mantêm a família unida como prioridade, mesmo sacrificando parcialmente os benefícios comuns.

* * *

Estes 27 casos de sucessos e fracassos estratégicos são todos diferentes. Cada empresa e cada organismo são únicos, e assim podemos aprender com o que cada um faz ou realiza para nos orientar em futuras oportunidades que surjam durante a nossa existência, promovendo conforto e satisfação ou terminando com dissabores ou arrependimentos.

Uma das conclusões destes 27 casos pode ser o seguinte: trabalhar com estratégias não é uma tarefa apenas para organizações. Queiramos ou não, conscientes ou sem saber, estamos realizando estratégias quando planejamos uma carreira, quando decidimos uma mudança ou quando poupamos para a aposentadoria. Assim as estratégias se aplicam no plano pessoal, na vida de estudantes, professores, consultores e empresários, como também de homens públicos, que têm grande responsabilidade na hora em que são designados para cargos de confiança.

As estratégias, por sua vez, podem estar a serviço do bem ou podem servir para enriquecimento a qualquer custo, e neste caso prejudicando outros, degradando ambientes ou ainda enganando. Pode ainda estar a serviço de corrupção, de enriquecimento ilícito e de atuação criminosa. A pessoa é sem dúvida eixo quando se trata de definir estratégias éticas ou comportamentos duvidosos. Este tema foi abordado pelo professor Henry Mintzbeerg, professor da McGill University, e foi tema central do XXX Congresso da Sociedade Latino-Americana de Estratégia realizado em Puebla, no México, em maio de 2017.

Cabe ainda uma observação adicional e que se refere a uma citação do professor Igor Ansoff que menciona: "Estratégia não é sinônimo de sucesso". Espero que estes casos tenham aportado com mensagens de orientação e que possam ser de utilidade.

SEGUNDA PARTE

Este livro não estaria completo se não abordasse os conceitos que têm norteado o trabalho com estratégia nos últimos 30 anos. Por isso, vamos recapitular a seguir aqueles conceitos considerados mais importantes para quem deseja estar e se manter bem posicionado no mercado, mesmo com a turbulência que nos cerca em todos os aspectos.

A origem destes conceitos teve diversas procedências: de um lado, as aulas ministradas na Universidade de São Paulo (USP) durante um período de 18 anos na disciplina de Estratégia, logo a seguir as aulas na Fundação Instituto de Administração (FIA-USP) durante mais sete anos para executivos nos vários MBAs, totalizando 25 anos como professor, e também no seminário Trilogia Estratégicas por mim criado e ministrado durante dez anos nos melhores hotéis de São Paulo para em torno de 500 participantes, sendo cursos que se dividiam em três etapas, cada uma de dois dias, totalizando 60 dias de aulas.

Também originamos estes conceitos em parte dos livros anteriormente publicados e neste atualizados e renovados. A seguir, tentamos responder algumas questões e preocupações principais e desenvolver os conceitos que as acompanham.

1. Como estar entre as organizações que estão bem na crise?
2. Como evitar que se instale a entropia na sua organização?
3. Como diagnosticar corretamente uma situação encontrada?
4. Como realizar um prognóstico que permita correção de rumo?
5. Como prescrever para atingir os objetivos desejados?
6. Como tratar a organização na implantação com ação positiva e em tempo?
7. Como visualizar a mudança ocorrida nos conceitos de estratégia?
8. Como obter governança e sustentabilidade na estratégia?
9. Como a cultura pode ser fator importante?
10. Como a natureza se compara com as organizações?
11. Como obter sustentabilidade econômico-financeira, social, ambiental e pessoal?

FIGURA 1 – TÓPICOS DA SEGUNDA PARTE

1. Como estar entre as organizações que estão bem na crise?

Vamos imaginar vários cenários ambientais e o comportamento das organizações como consequência dos cenários. Se considerarmos que o cenário ambiental é de crescimento e florescimento, com oportunidades para todos, então a maioria das empresas se encontrará muito provavelmente também em expansão e saudáveis.

Se, no entanto, a situação econômica do país estiver numa certa estabilidade sem crescimento, então uma boa parte das organizações e empresas estará estabilizada, sem crescimento, algumas estarão sofrendo porque acreditavam na contínua expansão dos negócios e outras ainda continuarão prosperando. Mas se a situação do país for de recessão e crise, com descrédito na economia e redução das atividades em geral, grande parte das empresas terá entrado também num momento de problemas e preocupações, com dificuldade para enfrentar o momento difícil que o país atravessa.

EMPRESA \ PAÍS	EM CRESCIMENTO	EM NORMALIDADE	EM RECESSÃO
BEM	60	25	10
REGULAR	30	50	30
MAL	10	25	60

FIGURA 2 – PAÍSES E EMPRESAS

Nessas circunstâncias, surge uma questão para o leitor: em que posição gostaria de se encontrar. Em que quadrante prefere conviver? Aplicado este exercício em diversas ocasiões, o público tem se manifestado favorável a se encontrar em país com crescimento e florescimento e numa empresa em crescimento. Naturalmente este quadrante é o que se apresenta como favorável no ambiente e também na posição da empresa. No entanto, estar nesse quadrante significa que, quando o ciclo econômico conduzir à estabilidade sem crescimento, a probabilidade de se encontrar entre as empresas com problemas tende a aumentar, sendo que boa parte das empresas que estavam crescendo e fazendo investimentos pensando na continuidade do crescimento estará sofrendo já na estabilidade e terá deixado o quadrante de grande sucesso para também estabilidade. Muito provavelmente essas empresas terão de tomar medidas para reduzir ou até parar investimentos que estavam voltados para a continuidade do crescimento. Pior ainda na crise e recessão em que se encontra o ambiente externo. Neste caso, poucas serão as empresas que passarão por este período sem sofrer profundamente, e até muitas terão fechado as suas portas.

A quantidade de empresas que terão então de desinvestir para sobreviver, ou vender abaixo do custo para se manter, será grande, pois poucas estarão passando bem este período. Então fazemos novamente a pergunta: onde gostaríamos de estar? E a resposta correta é estar entre os 10% das empresas que passam pela crise sem maiores dificuldades e até continuam crescendo enquanto a maioria declina ou fecha.

Numa situação hipotética, quando o país está em expansão, podemos imaginar que 60% das organizações estão bem, 30% estão regular e 10% estão mal e com dificuldades (*ver Figura 2*). Já numa época de normalidade e estabilidade no país, podemos imaginar que 25% continuam bem, 50% se encontram de forma regular e 25% com dificuldade. Quando ocorre um período longo recessivo e de crise, somente 10% ficarão bem, 30% regular e 60% estarão em alguma forma de dificuldade. A migração da época de expansão econômica para uma época de crise modifica a posição das organizações em sua saúde financeira e constitui uma provocação para estarmos preparados para momentos difíceis.

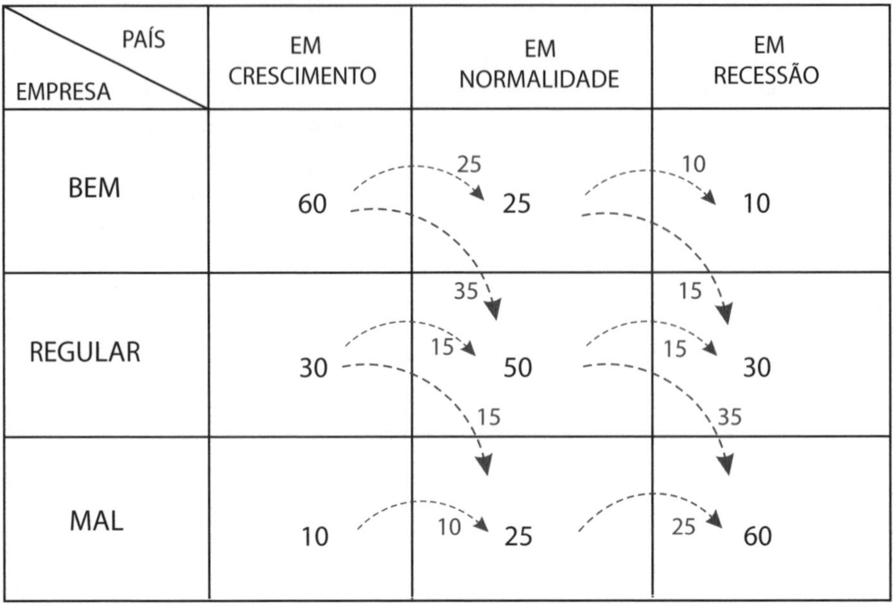

EMPRESA \ PAÍS	EM CRESCIMENTO	EM NORMALIDADE	EM RECESSÃO
BEM	60	25 → 25	10 → 10
REGULAR	30	35 ↓ 15 → 50 ↓ 15	15 ↓ 15 → 30 ↘ 35
MAL	10	10 → 25	25 → 60

FIGURA 3 – POR QUE ESCOLHER ESTAR BEM NA CRISE

Comenta-se sempre que a crise é o melhor momento para a busca de oportunidades, comprar um competidor, aproveitar a queda dos preços para investir, ou simplesmente crescer para que, quando a situação gerada pela crise se dissipe e os negócios voltem à normalidade, esteja apta para atender o mercado. Então continuamos com uma nova pergunta: como conseguir se encontrar entre os 10% que se saem bem na crise?

Diversas são as soluções para encontrar empresas saudáveis na crise: em primeiro lugar, são empresas únicas ou monopólios que dominam o seu ramo de atividade e que possuem um mercado cativo garantido. Não são muitas as empresas que conseguem esta posição. Algumas estatais se encontram nesta posição de únicas e, mesmo assim, muitas vezes são deficitárias ou incompetentes no seu desempenho.

Outra forma de se destacar na recessão é estar na vanguarda do desenvolvimento tecnológico, com vantagem competitiva garantida. A mudança tecnológica dos últimos anos permite uma postura de se atualizar, especialmente com relação aos novos mecanismos de comunicação com o mercado e com os clientes. Sistemas on-line interagindo com lojistas por parte de distribuidores, sistemas monitorados por televisão, tecnologia nos produtos tornando-os mais atrativos aos olhos do consumidor final e sistemas de logística automatizados são alguns exemplos marcantes no jogo da concorrência e distância entre competidores. Ainda podem ser encontradas neste quadrante empresas muito cuidadosas que têm gerado reservas nas épocas de crescimento e que podem utilizar a recessão para aproveitar oportunidades e adquirir concorrentes ou crescer num momento em que os preços são favoráveis ao investimento. Assim, quem investe na crise tem a chance de fazê-lo de forma muito mais conveniente do que numa época normal ou de crescimento geral, quando os preços estão majorados.

Construir esta imagem de crise é muito importante para conseguir um posicionamento, como destaca Jim Collins: "Espere o melhor, prepare-se para o pior". Este se preparar para o pior significa estar bem na crise e, assim, poder aproveitar o momento em que a maioria está mal para ganhar fatia de mercado, adquirir um concorrente ou simplesmente aproveitar o momento de preços baixos para investir.

2. Como evitar a decadência da sua organização?

A utilidade da curva de desenvolvimento de Georg Land

Georg Land é um pesquisador que participa do grupo de criatividade de Búfalo. Em um dos eventos desse grupo, do qual o meu então sócio Kurt Lenhard participou, ele trouxe a ideia da curva do desenvolvimento que se aplica a pessoas, objetos e organizações. A ideia básica da curva do desenvolvimento, que é a mesma ideia de Ichak Adizes, é que tudo tende na vida ao desarranjo e desaparecimento. Isso é denominado de processo de entropia.

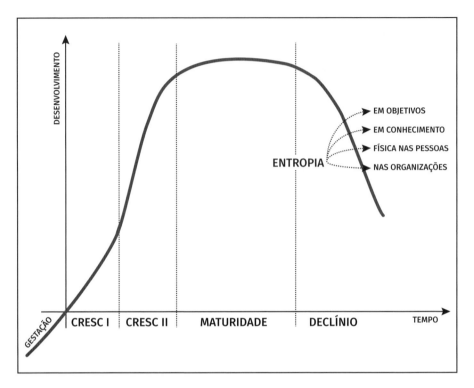

FIGURA 4 – CURVA DO DESENVOLVIMENTO

Quando adquirimos um carro novo, tudo nele funciona bem: anda sem barulhos, desliza suavemente e conserva por um tempo todas as qualidades do novo. Mas à medida que o usamos diariamente, toma sol e chuva, sofre desgaste e começa a fazer pequenos barulhos. Dizemos que isso é a entropia que penetra no veículo.

Se imaginarmos um engenheiro recém-formado, ele se encontra atualizado com o que de mais novo existe na engenharia e passa a aplicar com sucesso esses ensinamentos. Decorridos cinco ou mais anos, os novos engenheiros podem estar falando uma linguagem nova incompreensível àquele formado há certo tempo, e ele passa a se perceber desatualizado. É a entropia do conhecimento. Nas pessoas, o processo de entropia é sentido no esporte. O jovem tenista pode ser até campeão, mas com o tempo novos tenistas mais jovens do que ele, que estão em melhor forma física, podem vencer pelo seu estado e pelo envelhecimento do antigo vencedor. A idade promove a entropia e toma conta paulatinamente das pessoas, que passam a sofrer de dores e precisam usar medicamentos com frequência cada vez com maior.

Nas organizações, num mundo em constante transformação, obsoletismo é muito fácil de acontecer pela aplicação das velhas fórmulas de sucesso, sem perceber que o mundo mudou e que essa fórmula deixou de funcionar. A entropia penetra nas organizações tanto quanto nas pessoas ou nos objetos. Tendo consciência do processo de entropia, podemos agir para que nos afete da menor forma possível. No caso dos objetos, como no exemplo do carro, quando os barulhos começam a nos incomodar, nós o levamos a uma oficina de confiança e solicitamos que se introduza entropia negativa, fazendo os reparos que forem necessários.

No caso do engenheiro que está ficando ultrapassado com o decorrer do tempo, a volta à escola, para se atualizar fazendo um curso de especialização, é uma forma de introduzir entropia negativa e se encontrar atualizado, evitando ficar obsoleto. Os próprios programas *lato sensu* da FIA-USP para executivos são destinados a pessoas que exercem cargos importantes, num processo de reciclagem e atualização profissional. No caso de uma pessoa já na maturidade ou chegando à velhice, uma alimentação saudável, a prática de exercícios e uma vida equilibrada entre amigos, familiares e no trabalho evitam que a entropia se apodere dela, retardando o processo de envelhecimento. Recentemente conheci um médico na cidade de Campos do Jordão com 85 anos de idade que atende 30 pacientes por dia e está em ótimas condições de saúde.

No caso de uma empresa, prestar atenção às mudanças e se manter atualizada e sempre renovada é uma forma de combater a entropia. Lançamento de novos produtos, procura de novos mercados, mudança de mentalidade e inovação tecnológica são algumas formas de combate ao processo de entropia mediante adequação às necessidades dos mercados. Assim, a curva do desenvolvimento nos ensina a agir no momento apropriado, antes que se inicie a decadência, introduzindo ações para prolongar o crescimento e desenvolvimento.

Quando se promove este exercício e se questiona em que momento da curva nos encontramos, alguns elementos se encontram já no declínio, outros na maturidade e ainda alguns veem a empresa com potencial de novo crescimento. Para que isso aconteça, seriam necessários uma mudança, um novo produto, a criação de uma marca nova, e muitas outras formas de renovar, fazendo com que a empresa não seja a mesma, que entre num novo ciclo de desenvolvimento e, desta forma, prolongue a sua existência de sucesso. A curva permite este exercício provocativo nas organizações para avaliar o momento atual e como seguir em frente na busca do futuro desejado.

No caso da empresa Metalúrgica Abramo Eberle e do Sr. Matana, que automatizou um setor e provocou o distanciamento dos competidores, encontramos essa inovação como uma forma de eliminar a entropia e promover um novo desenvolvimento. Mais adiante, quando apresentarmos as oito visões estratégicas, voltaremos à curva do desenvolvimento com maiores detalhes e outros gráficos ilustrativos.

3. Como diagnosticar corretamente uma situação encontrada?

Talvez eu tivesse de ter estudado para ser médico, porque a minha paixão para diagnosticar corretamente vem das minhas muitas atuações em consultorias e da importante necessidade de aconselhar partindo do que é realmente prioritário. Se para fazer um simples implante de dente é preciso primeiro de uma radiografia panorâmica e depois uma tomografia, porque nas organizações se parte para ações sem pensar e diagnosticar corretamente. O leitor perceberá que o tema, a ser detalhado a seguir, do diagnóstico e dos passos seguintes de prognóstico, prescrição e tratamento, é um dos meus preferidos, devido a minhas múltiplas experiências como consultor de organizações.

Tive algumas experiências que relato nos meus livros e vou repetir, porque considero importantes. Estava numa consulta sobre um problema menos importante e aproveitei para mostrar ao meu médico de muitos anos que tinha surgido uma inflamação no pulso do meu braço direito. Ele apalpou o lugar várias vezes e, após pensar bastante, me disse: "Você tem um nódulo, que pode ser potencialmente um problema mais grave. Convém extrair. Aqui na frente do meu consultório temos o hospital e eu consigo uma vaga. Operamos hoje à tarde e você estará liberado para ir para casa".

Após minha surpresa e susto inicial, era uma sexta-feira de manhã, eu consegui dizer que todo condenado tem 24 horas para pensar, agradeci o diagnóstico e fui para a minha casa preocupado. Comentei com a minha esposa e trocamos ideias. Sábado fiquei ainda preocupado e domingo de manhã liguei para um ortopedista famoso que mora perto de minha casa, na Granja Viana. Ele aceitou me atender na sua casa no domingo. Examinou e apalpou o braço inteiro, especialmente o cotovelo, e seu diagnóstico foi totalmente diferente. "Joga tênis?", perguntou. Eu tinha jogado um pouco alguns dias antes. E ele disse: "Você tem uma tendinite. A minha receita são dez sessões de fisioterapia". Após iniciado o tratamento e já na terceira sessão, o tal nódulo havia desaparecido.

Não é preciso mencionar que o meu médico tinha por especialidade cirurgia e ele era chefe desse setor num grande hospital público da cidade. Se eu tivesse sido submetido à cirurgia indicada, provavelmente a minha mão teria ficado danificada e torta, mas ele teria dito que salvou a minha vida. Claro que nunca mais voltei ao seu consultório. Trata-se tão somente de destacar a importância de se fazer diagnósticos corretos também nas organizações antes de promover uma mudança.

Outro caso aconteceu com um empresário muito conhecido, que tinha um amigo cardiologista. Ele acordou certo dia com uma dor no peito e ligou para o amigo. Este lhe solicitou que ficasse deitado e imobilizado e que estaria enviando uma ambulância de imediato. Preocupado e imaginando que poderia ser um infarto, o cardiologista o transportou para o pronto socorro cardiológico, onde o internou e o submeteu a todo tipo de exame e acompanhamento. Nada foi detectado e algumas horas mais tarde o empresário liberou flutuações e seu estado geral melhorou. Ao informar isto ao médico, este lhe disse: "Já que está aqui, vamos verificar se realmente não teve infarto e acompanhar o seu estado durante 24 horas".

O que havia acontecido e não fora relatado ao médico é que nosso querido empresário, que vivia indo a coquetéis e jantares, na noite anterior tinha feito alguns exageros com a alimentação. O estômago, pressionando o diafragma e este o peito, tinha provocado a sensação de problemas com o coração. Mesmo depois de esclarecer tudo, não escapou dos eletrocardiogramas. Quando relato estes casos para meus alunos, costumo acrescentar: se vai a um especialista em pulmão, sairá com certeza com uma radiografia; se vai a um cardiologista, sairá com um eletrocardiograma; se vai a um clínico geral, sairá com uma receita para fazer exame de sangue; e se vai a um cirurgião, sairá sem alguma coisa.

Qual é a aprendizagem desses casos? Cuidado com os especialistas nas organizações. Se o presidente for originário da área de finanças, terá dado prioridade a esta área; se tiver vindo do marketing, provavelmente terá priorizado publicidade e campanhas; se tiver sido técnico, provavelmente terá novas ideias para desenvolver. O mesmo ocorre com os consultores. Se forem especialistas em sistemas, venderão a solução ideal que eles conhecem. Nem sempre as soluções apontadas serão as melhores para o momento que a organização estiver atravessando.

Em outra organização, tive uma experiência totalmente diversa. Eram três primos sócios e um deles me convidou para assessorar. Visitei a fábrica com um especialista em racionalização, porque o meu anfitrião tinha me dito que havia problemas na fábrica. Realmente detectamos a possibilidade de muita melhoria no layout e nos processos. Então nos dirigimos ao escritório onde os três sócios estavam nos esperando. Deixamos que cada um nos expusesse seu ponto de vista sobre os problemas. O diretor comercial falou então que o problema da fábrica era real, mas que a prioridade era lançamento de novos produtos, uma demanda dos clientes. Quando terminou sua exposição, o diretor financeiro e terceiro sócio explicou que eles estavam corretos, mas como estávamos chegando ao final do mês, a prioridade era com os compromissos financeiros, uma vez que a empresa estava sem caixa e duplicatas para negociar. Nesta situação, o problema era: por onde começar? O diagnóstico feito mostrava que havia problemas em todas as áreas.

Aí surgiu a pergunta: de quem eram os três carros Mercedes estacionados no pátio? A resposta foi tranquila. "São nossos", disseram. E como está a situação de cada um dos sócios? O meu anfitrião tinha comprado recentemente um andar de um prédio na Avenida Faria Lima e os outros dois também estavam bem, mas a empresa não. Então confessaram que a intenção era de uma preparação da firma para uma venda conveniente. Cada um deles tinha planos de futuro fora da empresa a não havia intenção de continuarem sócios. Esta ideia de preparar para venda não nos agradou e declinamos de continuar, agradecendo pela confiança depositada.

Foi um diagnóstico diferenciado, que começou pelos carros de luxo. Fazer um trabalho enganoso de preparar para venda não me pareceu ser uma atitude ética. Melhor teria sido oferecer uma empresa saudável, faturando bem e com resultados interessantes, para promover uma venda mais equitativa. Tinham exaurido a empresa e retirado dela o máximo que era possível.

Como estamos constatando, diagnosticar é tarefa complexa, que pode ser feita de muitas formas diferentes. Uma delas é detectando quais são os problemas ou as prioridades. Existem empresas que conhecem seus problemas e sabem como os abordar. Porém, em muitos casos, a definição de qual é o verdadeiro problema é falha. Uma das maiores falhas detectadas nas empresas é a que diagnostica o problema como sendo "falta de capital de giro". A falta de capital de giro não é causa, e sim consequência. O que se alega é que para crescer faltam recursos, mas o crescimento saudável é promovido através da geração de recursos pela própria empresa.

O tamanho do crescimento depende da capacidade de gerar rentabilidade suficiente para manter o mesmo e amortizar os empréstimos obtidos. Obter recursos para giro será viável desde que não sejam consumidos e nova dívida seja gerada quando a empresa não consegue obter resultados. Também querer crescer acima da capacidade significa assumir riscos que podem inviabilizar o negócio. Somente em casos em que o retorno de capital for superior ao custo do dinheiro obtido por empréstimo é que se justifica o mesmo. Como vimos no caso da Imprimerie, a empresa gráfica da Suíça, a ínfima geração não conseguiu amortizar a dívida provocada pelo investimento para construir a nova fábrica.

Enquanto consultor de empresas durante muitos anos, e pela análise dos casos trabalhados, surgiu uma metodologia de diagnóstico que apresento a seguir. Uma das principais causas que me motivaram a este trabalho foi o caso de uma empresa que investiu num sofisticado sistema na esperança de melhorar seu desempenho e contratou uma consultoria especializada. Em vez de melhorar, o custo elevado do projeto, que não era a sua real prioridade, levou a empresa ao fechamento.

Foi inspirado no modelo de diagnóstico elaborado por Robert Buchele no seu livro *Diagnóstico de Empresas em Crescimento* que surgiu a minha visão, complementando com o quarto quadrante, que é o evolutivo ou estratégico.

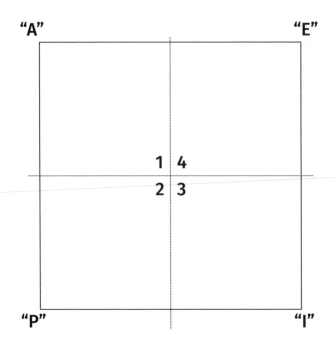

FIGURA 5 – OS QUATRO QUADRANTES

O primeiro quadrante corresponde ao método de diagnóstico pelos índices. E as organizações que dão destaque a este método possuem uma predominância administrativo-financeira "A", que corresponde aos primeiros 90 graus. Já ao incorporar análise das áreas com 180 graus, orientamo-nos na busca da produtividade "P". O terceiro quadrante de 270 graus trata dos sistemas que promovem integridade entre as áreas "I", e o quarto sistema de 360 graus se refere ao diagnóstico evolutivo que nos indica de onde veio a entidade e também para onde se dirige com seus projetos de futuro e sua característica estratégica "E". Esta denominação PAEI é do autor Ichak Adizes e é utilizada para analisar o processo do desenvolvimento.

Uma das formas mais simples e comuns de diagnosticar é pelos números que a empresa apresenta, registrados ou não nos balanços oficiais pela contabilidade da empresa. Estes números, que são familiares, representam em primeiro lugar o volume de vendas e, a seguir, o resultado após as despesas, antes ou depois do Imposto de Renda.

Entrando no nível seguinte, seria preciso verificar os valores do estoque, incluindo os em andamento, e as vezes que ele gira no ano, como também o retorno sobre o capital. Outra informação que se destaca é observar os valores a receber e seu prazo. Em quanto tempo haverá o retorno dos recursos colocados no mercado? Ainda muito importantes são os valores a pagar e, eventualmente, as dívidas e seus prazos de amortização. A partir destes elementos, é possível avaliar o estado financeiro, a capacidade de investir, onde aparecem os valores acumulados e o caixa e eventuais aplicações.

Estes dados são importantes para se avaliar a capacidade de receber crédito. E, por isso, é o método utilizado pelos bancos ou pelos fornecedores para realizar novos negócios com a empresa. Este tipo de análise é feito por quem não tem acesso ao interior da empresa, mas quem toma as decisões sobre o futuro da empresa é quem a dirige, e assim deve utilizar outros recursos para diagnosticar como atuar.

Dessa forma, desenvolvemos o diagnóstico pelas áreas. Mesmo com as novas estruturas integradas sem hierarquias e em redes, precisamos avaliar o que acontece com áreas específicas, como os setores comercial, produtivo, administrativo, de recursos humanos, financeiro, de tecnologia e, eventualmente, outros setores da empresa.

Este tipo de diagnóstico representa o segundo quadrante, que denominamos diagnóstico pelas áreas. Por meio dele, podemos escolher que área merece maior prioridade no momento, maior intervenção da direção, maior investimento e/ou implantação de melhorias urgentes.

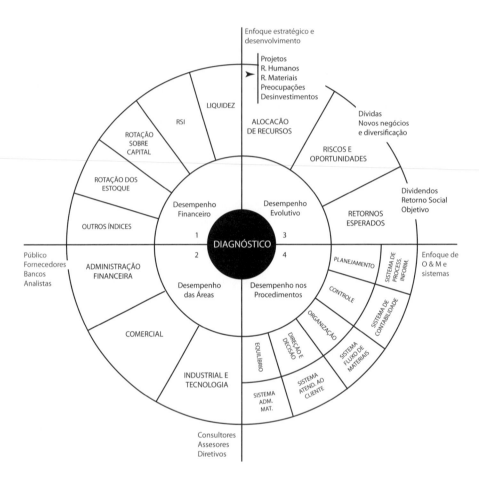

FIGURA 6 – DIAGNÓSTICO DE 360 GRAUS

Mas para quem está dentro da empresa, a análise das áreas não esgota o conhecimento de prioridades sobre onde é preciso colocar o foco. Uma forma adicional de diagnóstico é pelos procedimentos. Com a integração maior entre setores, analisar os procedimentos se torna muito importante.

Devemos priorizar o procedimento dos vários setores entre o tempo de chegada de um pedido e o tempo que demora até efetivar a entrega, ou devemos escolher o sistema de informações e a disponibilidade de dados confiáveis e sintéticos para a tomada de decisões.

Toda empresa é composta por sistemas, como no organismo humano. Temos o sistema, circulatório que é relativo ao sistema financeiro e ao fluxo de recursos. Temos o sistema respiratório, relacionado na empresa com o ambiente de trabalho e muitas vezes detectável facilmente por quem observa atentamente. Temos o sistema de atendimento ao cliente, e assim por diante. Cada vez mais, a área de sistemas impacta toda a organização e também o resultado. Os sistemas têm um papel importantíssimo para colocar a empresa na atualidade tecnológica e, como consequência, na sua posição competitiva.

Até aqui vimos três quadrantes, porém está faltando o quarto quadrante, que é realmente o estratégico. É este que nos informa de onde a empresa está chegando e também quais são os planos de futuro. Dependendo da empresa e do setor de atividade, é importante conhecer o histórico dos últimos cinco anos e como a organização se comportou nesse período. Quanto cresceu, o que inovou e como mudou para se adaptar ao mundo atual?

É preciso saber também quais são seus planos elaborados para os próximos cinco anos. Que planos se encontram já em andamento, quanto foi investido até o momento e, ainda, quanto falta investir para concluir o que está em projeto. A partir do diagnóstico do quarto quadrante, podemos reavaliar as mudanças necessárias, formular novas estratégias e planejar o futuro.

Se formos questionados sobre qual dos quatro quadrantes é o mais importante, será difícil responder a esta questão de forma generalizada. Seria necessário especificar dados e informações da entidade que está sendo analisada para responder. Mas, em princípio, todos os quadrantes são igualmente importantes.

O segredo para não errar no diagnóstico é sempre utilizar esta ferramenta como guia e escolher qual a prioridade a seguir, qual o foco a abordar e qual a importância no caso particular. Acertando no diagnóstico, teremos dado importante passo para seguir em frente e dar seguimento aos acontecimentos. Se errarmos no diagnóstico, estaremos focando em aspectos menos importantes e atrasando, ou até prejudicando, o desenvolvimento.

Quando apresentamos o caso da Honda, ficou claro que o tempo gasto para avaliar, com a participação de todos os envolvidos, de longe compensou o tempo de implantação. Assim também um adequado diagnóstico acelera a tomada de encaminhamentos corretos, promovendo soluções e eliminando preocupações. Muito importante no diagnóstico é verificar os ritmos de crescimento de uma organização. Como exemplo, temos dois casos muito diferentes, como veremos na figura a seguir.

No caso 1, a empresa teve grande crescimento nos últimos anos e possui planos para continuar crescendo, enquanto no caso 2 a empresa vem de um período de estabilidade com bom desempenho e não possui grandes planos de crescimento para o futuro. Esta análise se enquadra no quarto quadrante, que observa de onde a empresa veio e para onde se dirige.

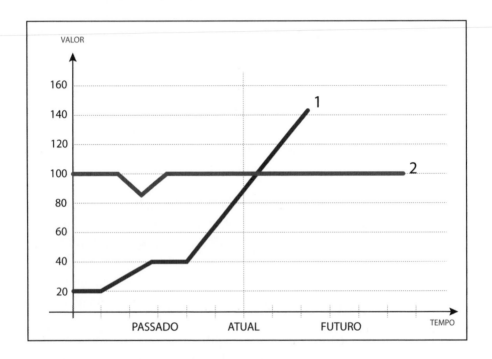

FIGURA 7 – RITMOS DE CRESCIMENTO

Seria importante cautela para a organização que vem num ritmo acelerado de expansão e assumir algum risco promovendo novas ideias e novos planos para aquela empresa que se encontra estagnada no seu crescimento. Naturalmente isso tudo dependerá das pessoas envolvidas, daquilo em que se acredita e da disponibilidade de recursos.

1. Diagnóstico de urgência em tempo e tardio

2. Visão de curto e longo prazo

3. Espírito corporativista e visão do mundo

5. Diagnóstico competitivo e mercadológico

6. Diagnóstico do grau de endividamento

7. Diagnóstico na cultura

8. Diagnóstico no processo decisório

9. Diagnóstico na lógica e valores dominantes

10. Diagnóstico da estrutura

11. Diagnóstico interno e externo

12. Tempo a dedicar e tamanho do relatório

FIGURA 8 – FORMAS DE DIAGNÓSTICO

1. Diagnóstico de urgência, em tempo e tardio

O diagnóstico pode ainda ser feito num momento em que é urgente, no tempo adequado ou de forma tardia. Empresa brasileira solicita elaborar um modelo de gestão para os próximos dez anos, ou seja, de forma antecipada.

O diagnóstico em tempo ocorre quando uma demanda emergente exige um reposicionamento, no caso novos competidores agressivos, perda de mercado, custos altos comparativamente. O diagnóstico tardio ocorre no esgotamento de recursos, quando, por exemplo, dívidas acumuladas estão dificultando a gestão ou quando a busca de soluções é quase desesperada e corresponde a uma terapia intensiva.

Entre estas três formas ou momentos em que se fazem diagnósticos existem graduações grandes. O nível de dívidas pode ser ainda pequeno e o diagnóstico então se transforma "em tempo" e também o nível de endividamento pode estar tão alto que não existe solução sem a entrada de novo sócio com capital, ou escolher um processo de recuperação judicial.

2. Visão de curto e de longo prazo

Duas visões são possíveis no diagnóstico: uma é temporal e outra é da amplitude. Enquanto a de amplitude indica abrangência dentro da organização, a temporal se refere ao curto, médio o longo prazos que se lhe outorga. Se o diagnóstico é de longo prazo, é mais estratégico. Trata-se da visão de Joel Baker: a Visão de Futuro. Nele são formuladas algumas perguntas fundamentais. Será que as nações que progrediram o fizeram porque tiveram visão de futuro ou foi devido ao sucesso que elas adquiriam uma visão forte de futuro?

A visão de longo prazo deu forças para os sobreviventes de Auschwitz nas piores condições inimagináveis e criou os formados da escola 21 do Harlem, quando poucos acreditaram que de lá sairiam universitários. No diagnóstico é possível perceber rapidamente como os dirigentes pensam e agem com relação ao curto e longo prazos.

Os que possuem uma visão maior valorizam as suas organizações e assumem riscos mais temerários do que aqueles que são apenas imediatistas e receiam arriscar no futuro. E a mesma pessoa pode mudar de atitude à medida que a sua idade avança.

3. Espírito corporativista e a visão do mundo

O espírito corporativista ocorre quando as organizações estão voltadas para seu público interno. Quando vimos como era administrada a escola ESAF, ligada à Receita Federal, tivemos um exemplo de entidade voltada a seu público interno. Este termo é muito utilizado quando se faz referência ao funcionalismo público, onde o interesse da classe dos funcionários prevalece sobre os interesses de bem servir.

O corporativismo também pode ser encontrado em organizações particulares ou em ONGs em que a preocupação interna é tão grande que não permite perceber as mutações ambientais e os novos desafios externos. Em contrapartida ao corporativismo estão as organizações adequadas ambientalmente e que se transformam na medida em que as condições externas assim o exigem, se tornando flexíveis, sobrevivendo e até crescendo na mutação.

4. Diagnóstico competitivo ou mercadológico

Trata da posição da empresa na área em que atua. Conhecer o poder competitivo e a capacidade para enfrentar competidores se torna muito importante em mercados em mutação. Não existem hoje mercados estáveis e que não exijam reposicionamento periódico. Este tipo de diagnóstico nos permite mudar para nos adequar ao ambiente, onde algumas questões importantes estão relacionadas à participação do mercado, à vinda ou não de novos competidores potencialmente importantes e também a como melhorar uma posição competitiva conquistada no mercado.

5. Diagnóstico do grau de endividamento

Quando a empresa ou organização se encontra com problemas financeiros, o diagnóstico do grau do endividamento nos alerta para possíveis saídas estratégicas, seja mediante refinanciamento de dívida para prazo viável, ou para reformular portfólio de negócios na busca de recuperação de resultados e desta forma amortizar a dívida. Muitas empresas, especialmente na crise, enfrentam dificuldades para se manter e a questão do endividamento e da sua solução se torna estratégica ou prioritária.

Na análise pelo quadrante dos índices será fácil detectar o problema da dívida existente e qual a sua gravidade. No caso dos três primos, a empresa havia se esgotado financeiramente, mas eles estavam muito bem. Observando pelo primeiro quadrante, teria também sido possível verificar a situação em que se encontravam as finanças.

6. Diagnóstico da cultura

Num dos casos relatados, vimos como é importante o fator cultural dentro das organizações. Podemos encontrar cultura conservadora ou arrojada, cultura voltada para dentro ou cultura visionária e ajustada ao ambiente. Entender a cultura também pode ser significativo e diagnosticar é uma forma de compreender se existe necessidade de intervenção.

Torna-se fácil mudar o clima organizacional por meio de treinamento e estímulos. No entanto, mudar a cultura pode ser demorado e encontrará resistência por parte daqueles que se beneficiam da situação.

7. Diagnóstico do processo decisório

Como vimos no caso da Metal Leve, o processo decisório foi muito importante enquanto não existia um comando único na empresa. Muitas vezes, o processo decisório é rápido e até atropelado. Depois, quando se tenta aplicar as decisões, é lento, porque os envolvidos não foram consultados e não tinham tomado conhecimento.

No caso da Honda, o processo decisório é lento, mas, em compensação, a implantação é muito ágil e rápida. Também na Metal Leve o sistema utilizado da sociocracia, mesmo sem terem conhecimento do conceito, foi muito útil na gestão.

8. Diagnóstico da lógica e valores dominantes

Numa época em que a sustentabilidade é incorporada por muitas organizações nos seus valores e na nova forma de pensar, avaliar qual a lógica dominante em cada caso se torna importante, porque afetará a imagem e o posicionamento no mercado e no seu público consumidor.

Esforço tem sido feito no sentido de mudar a lógica e os valores de uma visão gananciosa e promotora unicamente de lucro para uma visão socialmente responsável. Este não é um processo fácil, porque afeta resultados e implica investimentos, constituindo uma tendência que se verifica.

9. Diagnóstico da estrutura

Estruturas modernas e flexíveis contribuem para se obter melhor desempenho, enquanto estruturas rígidas e centralizadas desestimulam o comprometimento. No livro *Strategy and Structure*, de Chandler, se acreditava que estrutura devia seguir a estratégia. Posteriormente, no entanto, se provou a esterilidade do debate por ambas serem importantes e deverem andar juntas.

Diagnosticar as estruturas é importante, porque elas tanto podem ser facilitadoras de mudança e de estratégias inovadoras como podem dificultar o processo de transformação para adaptação ao ambiente em mudança. Ao mesmo tempo, diagnosticar a estratégia adotada pode implicar mudanças facilitadoras na estrutura.

10. Diagnóstico interno e externo

No diagnóstico interno e externo, poderemos aprofundar a análise do público interno, compreendendo colaboradores, acionistas, capacitação para executar e características tecnológicas comparativas com as dos competidores. Enquanto esta abordagem seja importante, o diagnóstico voltado para fora visualiza inserir a empresa no meio onde atua e mais especificamente com fornecedores e clientes, com bancos e com o cumprimento de suas obrigações legais.

No diagnóstico interno, entre outros temas, temos: Qual o perfil dos colaboradores; Quais as fraquezas e pontos fortes; Quais as habilidades essenciais que foram construídas; e Como se encontra o desempenho comparativamente com empresas semelhantes?.

No diagnóstico externo, temos não só as oportunidades que o ambiente nos oferece dentro do setor onde a organização está inserida, mas também outras oportunidades no ambiente mais amplo. Neste sentido, é importante ouvir os fornecedores, os clientes e também outros membros, como consultores, amigos e conselheiros.

11. Tempo a dedicar e tamanho do relatório

Duas questões importantes precisam ainda ser abordadas com relação ao diagnóstico. Uma está relacionada com o tempo a ser dedicado ao diagnóstico e o tempo dedicado a agir. E a outra é com relação ao relatório a ser elaborado e ao seu tamanho. O diagnóstico é um meio para agir e não um fim em si mesmo. Ele pode ser iniciado estabelecendo o escopo, o público envolvido, as visitas aos locais, a pesquisa de dados e informações, as entrevistas. Dependerá muito de quem fizer o diagnóstico se ele será rápido ou demorado. Existem trabalhos exaustivos de diagnóstico que constituem um trabalho em si mesmo, e neste caso podem ser muito demorados e terminar num volumoso compêndio que vai parar ou não nas prateleiras ou gavetas.

Se o objetivo for detectar prioridades, escolher por onde agir, deve ser rápido e objetivo e até incisivo se necessário. Tal foi o caso da Metalúrgica Abramo Eberle, onde após uma semana foi solicitada a demissão de todo o

Conselho de Administração e de diretoria. O importante não pode ser elaborar planos detalhados na forma de relatórios, sendo, sim, imprescindível planejar. E para isso o diagnóstico pode ser muito útil.

Diagnósticos rápidos e relatórios curtos são formas objetivas, desde que obtenham foco no importante e impactante para a organização, sem maiores sofisticações, porque o objetivo é poder levar gradativamente, mediante o prognóstico, a prescrição e o tratamento, a medidas concretas, a mudanças de reposicionamento estratégico e a uma nova visão de futuro.

No relatório deve ficar claros a situação encontrada e seus aspectos relevantes, as ideias preliminares a serem debatidas com a organização e as propostas com eventuais recomendações na análise dos benefícios que poderão ser atingidos e na sugestão de um roteiro e trabalho de mudança. Em todos os casos, a técnica de entrevistas semiestruturadas, a visita aos locais e reuniões com os envolvidos são importantes. E quem realiza o diagnóstico deve estar amplamente qualificado para se evitarem erros que podem ter impacto muito negativo.

4. Como realizar um prognóstico que permita correção de rumo?

Após a consulta ao médico e este tendo encaminhado ou não para exames complementares, ele emite o seu parecer e nos alerta sobre eventuais resultados futuros com relação ao que os exames apresentam de informação. Neste caso, ele nos alerta sobre riscos ou nos informa sobre o que realmente temos. Se o diagnóstico foi bem-feito, o médico tem condições de prognosticar o nosso futuro baseado nos dados recebidos. O mesmo acontece com as organizações. Se o diagnóstico for cuidadosamente elaborado, permitirá prognosticar o que pode acontecer num futuro não muito distante. Para ilustrar, vamos nos referir ao caso relatado no meu livro *O Estrategista*.

Certo dia fui convidado a realizar um trabalho estratégico em uma empresa de oito mil empregados, com uma diretoria muito profissional e competente. Uma das primeiras advertências que recebi foi de que era importante levar em conta a cultura da organização e que três empresas de consultoria tinham tentado elaborar um plano estratégico e todas tinham fracassado. Indaguei o que significava levar em conta a cultura, e ninguém soube traduzir essa expressão em poucas e concretas palavras. Logo depois da primeira reunião de diretoria da qual participei, descobri do que se tratava. O presidente era a figura carismática, centralizadora das decisões e pioneira criadora da empresa. Levá-lo em conta, consultá-lo e fazê-lo participar eram as tarefas mais importantes.

Por trás da aparente tranquilidade de todos, das grandes encomendas e de ter sido uma empresa outrora poderosa, existiam sinais cada vez mais claros, detectados no diagnóstico, de deterioração. O presidente, com 65 anos de idade, estava se transformando do antigo empreendedor e pioneiro em controlador. A rentabilidade tinha desaparecido, os concorrentes tiravam fatias cada vez maiores dos vários segmentos de mercado em que a empresa atuava e a tecnologia exclusiva até recentemente tinha passado a ser de domínio público. Simultaneamente os custos fixos representavam custo elevado em relação aos concorrentes atuando em nichos específicos.

Somado a estes fatores, a empresa tinha realizado diversificações, com a exigência de participação de capital intensivo, absorvendo elevados recursos e contraindo uma dívida significativa que estava em término do período de carência sem que o projeto tivesse iniciado a operação.

O fato de eu ter sido contratado já era de *per si* uma demonstração da inquietação do presidente, mas talvez não o suficiente para se iniciarem mudanças significativas. Optei por um processo de sensibilização utilizando o prognóstico. A partir dos dados colhidos nas várias formas de diagnóstico e aplicando diagnóstico cruzado (todo diagnóstico teve duração de uma semana), parti para a elaboração de um cenário do futuro da empresa, segundo as tendências e levando em consideração que não surgiriam mudanças importantes de rumo. A dramatização do futuro teve grande impacto. Dela participaram o presidente e os executivos familiares e os não familiares, e durante três dias foi exaustivamente debatido o prognóstico do futuro da empresa.

O presidente percebeu então que não estava sendo oferecida uma solução padrão ou um processo rígido (que ele mesmo tinha chamado de camisa de força, se referindo a outro plano anterior oferecido), mas um mecanismo de análise e de percepção que levaria automaticamente à busca de soluções de forma natural, quase como uma decorrência do que foi prognosticado.

As fraquezas originadas do desgaste tecnológico, o crescimento da concorrência à sombra da empresa, os custos elevados, a rigidez e lentidão decisórias e a necessidade de novos produtos e de novos processos ficaram evidentes pela imagem de nuvens pretas visíveis no horizonte.

O prognóstico tornou-se o radar da empresa, no instrumento de alerta. Neste sentido, restava buscar os caminhos para contornar a tormenta da rota atual de colisão.

Enquanto o diagnóstico se preocupa em revelar a situação existente, o prognóstico objetiva mostrar o que vai acontecer. Sem pretender apresentar soluções, o prognóstico dramatiza o futuro e alerta sobre os perigos detectados no diagnóstico.

No caso mencionado, que usamos como exemplo, o prognóstico também abordou a questão sucessória. Este tema tinha sido considerado até então como um tabu na empresa. No entanto, era importante pensar na preparação gradativa dos sucessores e na mudança gradativa do papel do presidente. Como o prognóstico é voltado ao futuro, várias técnicas podem ser utilizadas para realizar as prospecções. Entre as técnicas para prognóstico podemos citar:

---

1. Elaboração de cenários de futuro. Dramatização do futuro.

2. Análise dos planos dos concorrentes e de como nos afetam.

3. Análise das tendências tecnológicas e de seus efeitos.

4. Avaliação de nosso ritmo de mudança e crescimento no tempo.

5. Simulações enconômico-financeiras de futuro da empresa com seus projetos em andamento.

6. Destaque às ameaças e oportunidades em surgimento.

7. Análise da postura estratégica no contexto ambiental.

FIGURA 9 – TÉCNICAS PARA O PROGNÓSTICO

1. Elaboração de cenários de futuro. Dramatização do futuro

Os cenários de futuro contribuem para a dramatização do que pode acontecer partindo de uma situação atual da empresa. Porém, segundo Charles Handy, a única certeza que oferecem os cenários é que eles não acontecerão como os temos percebido. Isto devido às mudanças constantes do ambiente. Para não errar um cenário, teríamos de lidar com toda a possibilidade e, neste caso, não teria uma visão do que acontecerá, e sim um relato de possibilidades – por exemplo, ideal ou otimista, realista, projetando o momento atual, e negativo ou pessimista.

Elaborar cenários implica comprometimento e, além disso, escolha entre alternativas por aquelas em que acreditam. Mas se afirmamos que o cenário não acontecerá porque é imprevisível, então como justificar a realização de cenários? Em uma palestra impressionante, o diretor de planejamento estratégico da Shell relatou num dos congressos da SMSC que na crise do petróleo, quando os principais produtores do mundo se uniram e elevaram os preços do barril, foi questionado pela alta direção por que o setor de planejamento não havia previsto estes acontecimentos. Nesse momento, os responsáveis pelo planejamento foram aos seus arquivos e provaram que tinham previsto a crise, porém os cenários não tinham sido levados na devida consideração. Os mesmos estavam guardados nos arquivos.

O grande problema então não é tão somente elaborar os cenários, mas os manter atualizados e os levar em consideração para a prescrição de medidas corretivas. Caso os cenários feitos sejam gerais demais e pouco práticos, não serão utilizados, como no caso da empresa do Polo Petroquímico de Camaçari. Neste caso, é melhor não perder tempo com eles.

Os cenários apresentados nos nove quadrantes para posicionamento na crise representam uma provocação para situar a empresa entre aquelas que se saem bem mesmo na crise. Surge, neste cenário, a questão de como conseguir estar entre as que se saem bem nas dificuldades.

Novas tecnologias, produtos pioneiros, ação em novos mercados, associações flexíveis, estruturas em redes, novas oportunidades, fazer o que ninguém faz, são algumas das ideias que normalmente surgem no *brainstorming* que ocorre no prognóstico dos cenários. Isso demonstra que o que importa no cenário não é adivinhar o que pode acontecer, mas a escolha do cenário que provocará a mudança destinada a fortalecer a posição estratégica e fazer com que a sua contribuição para a sociedade seja destacada entre outras similares no mercado.

Elaborar cenários é um trabalho empolgante. Trata-se de avaliar todas as variáveis intervenientes e as probabilidades estatísticas de ocorrerem e, dentro de uma investigação profunda, obtém-se como resultado uma imagem provável do futuro, até com índice de probabilidade de ocorrer.

Já assisti a muitos grupos de trabalho na realização de cenários de futuro. Os que dispõem de mais recursos e mais tempo chegam a trabalhos elaborados durante meses, consultam órgãos como o Instituto Brasileiro de Geografia e Estatística (IBGE), projeções do Banco Nacional de Desenvolvimento Econômico e Social (BNDES) e outros estudos acadêmicos e terminam num volumoso trabalho. Nele são apresentados índices demográficos, tendências de crescimento, tendências econômicas, crescimento do Produto Interno Bruto (PIB) nos próximos anos, tendências setoriais, tendências tecnológicas e muitas outras projeções.

Assim como ocorreu na Shell, estes excelentes trabalhos vão parar nas gavetas ou nas prateleiras, com raras exceções. Raramente aos utilizados de forma prática. Por isso, recomendamos ter sempre presente "como nos afeta" e "o que faremos com ele". Cenários que se tornam trabalhos por si mesmos e que não vislumbram objetivos são meros exercícios intelectuais, empolgantes e absorventes, mas não contribuem para o fortalecimento da empresa, custam caro e podem se transformar em desperdício.

Um caso de cenário que me impressionou foi o que ocorreu durante um seminário de uma semana para 35 empresários no Peru. No quarto dia realizamos um exercício que consistia em elaborar o cenário político para os próximos três anos, em função das próximas eleições. Os empresários colocaram dois cenários possíveis: provavelmente as eleições seriam ganhas pelo líder carismático Alan Garcia, ou então o atual presidente Fujimori se reelegendo, tendo conseguido realizar um bom governo. Terminado o debate, provoquei uma discussão sobre a probabilidade de o cenário ocorrer e estimulei a busca de alternativas, mas os empresários estavam irredutíveis e somente viam esses cenários. Somente para estimular a discussão, perguntei se os militares não poderiam voltar ao poder em um país dividido entre a guerrilha, o narcotráfico, o poder militar e os cidadãos civis. A resposta foi categórica: os militares não querem o poder, agora é a vez dos políticos.

Devido à postura tão segura dos participantes, comentei que muito provavelmente o cenário apresentado não ocorreria, pois o imprevisível não foi considerado. O segundo comentário foi que nos empolgamos muito com o cenário político, mas pouco focados em como nos afetaria.

Dois meses depois e já estando no Brasil, Fujimori e os militares deram um golpe de Estado, fecharam o Congresso, e Alan Garcia teve de fugir do país e se iniciou um novo ciclo ditatorial no Peru. Alguns dias depois recebi uma mensagem me solicitando novamente um encontro com os empresários. Acharam que eu sabia o que ocorreria quando fizemos o cenário.

Assisti também a um grupo dentro da Universidade de São Paulo (USP) que adota o critério de tentar mapear todas as possibilidades e fornece uma espécie de solução para cada possibilidade. Neste caso, não se trata de cenários, mas de estudo de probabilidade sem nenhum comprometimento. Navegar entre comprometimento, adivinhação, praticidade, objetividade e utilização é um dos desafios de trabalho com cenários prospectivos.

A seguir, o caso de elaboração de cenários numa importante empresa do Polo Petroquímico de Camaçari – este caso foi relatado anteriormente. O presidente da empresa, após tomar conhecimento da importância dos cenários para o futuro da organização, solicitou a um grupo de gerentes a elaboração de cenários e deixou o grupo trabalhar com liberdade.

Depois de decorridos vários meses, durante os quais o grupo, muito motivado nessa tarefa, havia consultado importantes organismos, obtido uma série de dados sobre o futuro populacional, índices demográficos, tendências tecnológicas e muitos outros aspectos, esse grupo resolveu marcar um encontro com o presidente e apresentar o trabalho concluído. No início, o presidente ficou surpreso e, sem lembrar-se da solicitação após vários meses decorridos, informou que leria o relatório e daria uma posição para a equipe.

Passaram algumas poucas semanas e o grupo ficou preocupado por não ter recebido ainda resposta ao trabalho tão cuidadosamente elaborado. Então fui falar com o presidente e informei a minha preocupação com a motivação do pessoal. Nesse momento, o presidente me confidenciou que não sabia o que fazer com o trabalho recebido, pois não via como utilizá-lo na empresa.

Cenários realizados sem a preocupação do "como nos afetam" novamente sem utilidade. Faltou orientação sobre o que se esperava dos cenários em aspectos específicos, como, por exemplo, cenários abordando planos de competidores em nível local e internacional e seus efeitos sobre nós.

2. Análise dos planos da concorrência e de como nos afetam

Certa vez fui convocado numa empresa para a qual prestava serviços para uma reunião urgente para discutir a ameaça de um novo competidor internacional entrando num mercado em que o meu cliente atuava praticamente sozinho. Caso as notícias que estavam sendo vinculadas fossem verdadeiras, uma das opções que estavam em debate era realizar uma aproximação e tentar negociar a venda para eles. Ficar no mesmo mercado com um poderoso competidor era arriscado demais.

Então me ocorreu perguntar quais eram as fontes de informação sobre este fato tão importante. A resposta foi de que um representante comercial havia ventilado a notícia e também um cliente tinha ouvido falar sobre o assunto. Quando quisemos saber mais detalhes, ninguém soube responder e a reunião foi interrompida com a missão de se buscar informações mais confiáveis e seguras sobre tema tão vital.

Quinze dias depois foi convocada nova reunião. Nessa ocasião, tinham conseguido cópia do projeto do eventual competidor e havia sido constatado que a área em que o mesmo atuaria de forma alguma colidia com a atual atividade da empresa. Fiquei admirado com a rapidez com que haviam sido obtidas todas as informações e perguntei como tinham conseguido. A resposta foi: "Você solicitou mais dados, não pergunte como conseguimos".

Alarme falso por desconhecimento da realidade da concorrência pode, portanto, facilmente conduzir a medidas precipitadas. Neste caso, o que aconteceu, e que foi comprovado, é que ao competidor que vinha se instalar no país seria interessante uma aproximação e a partir desta iniciativa surgiu uma empresa conjunta para fornecimento de produto de necessidade comum.

Na literatura sobre estratégia, o item de acompanhamento dos movimentos dos competidores sempre recebeu destaque. Michael Porter falava dos cinco competidores: aqueles que atuam no mesmo mercado, aqueles novos entrantes, produtos substitutos, os clientes como competidores e os fornecedores como competidores.

Montar um sistema de inteligência para monitorar os movimentos dos competidores pode ser viável apenas para grandes empresas, mas manter a preocupação e o acompanhamento dos mesmos é importante em todos os casos. A Internet, sem dúvida, facilitou muito este trabalho, uma vez que muitas informações se encontram atualizadas diariamente, mediante rápida pesquisa.

3. Análise das tendências tecnológicas e de seus afeitos

Estamos vivendo numa época de revolução tecnológica e da importância do conhecimento e dificilmente uma organização terá condições de sobrevivência se não se adaptar a estas transformações. Até recentemente um dos setores com grande potencial de transformação tecnológica era o que lida com a ciência da vida, com o envolvimento de inúmeros laboratórios, centros de pesquisa e empresas relacionadas, como indústria farmacêutica, de alimentos, medicina, química e cosméticos, num processo de transformação profundo.

Hoje esta transformação se estende a todo tipo de organização, seja privada, governamental e/ou ONGs. Logística, mercado, varejo, sistemas de armazenagem, uso de cartões em lugar de dinheiro, veículos cada vez mais automatizados, substituição de petróleo por energia solar ou energia por baterias, veículos sem condutor e com sensores e muitas outras novidades estão sendo incorporadas pela tecnologia, tornando obsoletos processos antigos e os substituindo pelos novos.

Com o crescimento de negócios via internet, o varejo sente o impacto. Pedro Herz, no seu livro *O Livreiro*, se pergunta qual será o futuro do varejo, porém não oferece resposta, mas tão somente a preocupação com o futuro. A robotização e a automação na indústria são outro exemplo do que pode realizar a tecnologia, reduzindo custos e tornando os produtos mais acessíveis para o grande público.

No caso da Metalúrgica Abramo Eberle, quando o Sr. Matana viajou à Itália e viu um sistema inspirador de mudança em sua Fábrica 4, onde eram produzidos ilhoses e rebites, assim que voltou a Caxias do Sul promoveu uma revolução no processo de produção e obteve 40% de redução de custos, se distanciando da concorrência.

Toda esta transformação exige uma mente aberta ao novo conhecimento e na busca incessante de atualização. Voltamos então à referência ao livro *Mindset: A Nova Psicologia do Sucesso*.

4. Avaliação de nosso ritmo de mudança e crescimento no tempo

Quando no diagnóstico pelos quatro quadrantes passamos a observar a empresa na dimensão temporal e perguntamos como era cinco anos atrás, como é hoje e como será no futuro, estamos avaliando como ela se desenvolveu, cresceu ou estagnou, ou ainda se teve um formidável desenvolvimento. Muitas vezes se questiona a necessidade de capital de giro para poder crescer, e acreditamos que quando falta capital de giro, esta é uma consequência de falta de resultado.

Por outro lado, crescer acima da geração de resultados significa endividamento, e neste caso o resultado a ser obtido pelo investimento para crescer deve ser significativamente maior do que o custo do dinheiro emprestado. Vimos no caso da Imprimerie que, mesmo com baixo custo financeiro, não conseguiu amortizar o empréstimo obtido num mercado altamente competitivo. Por essa razão, aconselha-se equilíbrio entre conservar e mudar. No diagnóstico estratégico, devemos observar os riscos assumidos e também os desejos dos dirigentes e suas ambições.

No prognóstico, avaliamos o ritmo de crescimento no tempo e as expectativas dos públicos interno e externo da organização. Não observamos tão somente o ritmo de crescimento, mas sim a mudança total compreendendo: Como a empresa se adaptou ou não às novas exigências do mercado?; Quais os produtos inovadores que lançou em comparação com competidores?; Que mudanças foram introduzidas no relacionamento com fornecedores e com os clientes?; Como mudou a forma de pensar dos dirigentes?; Foram introduzidos novos processos?; Como foram criados novos relacionamentos externos?; e ainda Quais foram a antiga e a nova visão de futuro comparativamente aos competidores?.

Todas as imagens assim construídas nos fornecem uma dramatização do que vai ocorrer conosco no futuro próximo e nos obriga a repensar sobre nossa forma de meditar e agir. Naturalmente, os dirigentes outrora inovadores, aos poucos e com a idade avançando, vão se tornando cada vez mais conservadores e os jovens, na medida em que assumem posições de comando, assumem o papel de mudança. Isto gera certo conflito entre gerações. Empresas conservadoras, em que o dirigente máximo está com idade avançada, tendem a repetir fórmulas de sucesso do passado, acreditando que a experiência do passado pode ser repetida e o sucesso estará garantido. Um presidente de empresa me confessou certa vez que ele sempre cresceu fazendo dívidas e que a partir de certo momento, endividado, se encontrava em sérias dificuldades.

O ritmo de mudança quando é lento demais resulta em defasagem e pode provocar obsolescência, enquanto ritmos acelerados aumentam os riscos. Em certas ocasiões em que a mudança é acelerada, antecipada à percepção de necessidade do mercado, ela, apesar de inovadora, está destinada ao fracasso por ter sido prematura.

No trabalho de consultoria, tivemos dois casos simultâneos muito diferentes: um foi de uma empresa muito bem-sucedida, dirigida por três irmãos com idade acima de 65 anos e que tinham estabilizado o crescimento nos últimos cinco anos. No entanto, uma geração de jovens entrantes ansiava por novas realizações, promovidas por eles. O outro caso refere-se a uma empresa jovem que tinha crescido muito nos últimos anos, inclusive comprando um dos concorrentes e assumido dívidas. Seu executivo principal se propunha a continuar o crescimento adquirindo mais uma empresa, neste caso um fornecedor, mesmo sem ter ainda amortizado a dívida assumida.

No denominado "papel complementar do consultor", foram sugeridos maior risco, iniciativa e criatividade no primeiro caso, e redução do risco e evitar nova aquisição com a então vulnerabilidade no segundo caso.

5. Simulações econômico-financeiras de futuro da empresa com seus projetos em andamento

Para prognosticar o futuro podemos elaborar análise dos efeitos dos planos em andamento sobre o fluxo de caixa e sobre a geração de novos recursos. Quando são elaborados planos para expansão ou para melhoramentos, que normalmente implicam investimentos, estes são aprovados e implantados e muitas vezes não são avaliados os efeitos.

As premissas que favoreceram aprovação justificada por melhora de rendimento ou por aumento de rentabilidade precisam ser acompanhadas e questionadas. Caso contrário, não aprenderemos para futuras investidas com novos recursos. Para isso, temos os fluxos financeiros mediante simulações, que são formas de prognosticar o que acontecerá após executar os planos em andamento e eventualmente novos planos a serem introduzidos.

Quando se fazem investimentos de forma descentralizada e sem um crivo central com objetivos mensuráveis, estes podem não trazer consequências e se tornar inadequados. Se tivesse havido um plano adequado, muito provavelmente os recursos teriam sido canalizados para obtenção de resultados.

Muitas vezes se afirma que projetos valorizam a empresa, mesmo ainda em fase de implantação. Existem projetos de duas categorias principais: os projetos que podemos denominar de *hard*, consistentes em máquinas, equipamentos e instalações, e os projetos denominados de *soft*, que tratam de capacitação, sistemas, habilidades e tecnologia e que constituem o denominado capital intelectual. Os projetos *soft* permitem atingir as metas, influenciar a cadeia de valor e provocar efeitos econômico-financeiros.

Quando não existe avaliação dos resultados nos projetos, é como voo às cegas, sem medir se a ideia inicial do projeto será atingida no futuro. Mesmo as simulações não são ainda a realidade, o que pode ser diferente do que a simulação previu, mas neste caso é fácil verificar onde erramos e apreender com nossas próprias experiências.

Crises periódicas, obsolescência tecnológica e previsões orçamentárias podem ser atualizadas utilizando-se de simuladores. Muitas empresas entram em rota de colisão quando possuem recursos e iniciam obras de grande envergadura, comprometendo o negócio principal, sem levar em consideração as imponderáveis condições do novo por acontecer, guiadas por uma intuição muitas vezes subjetiva.

Como o prognóstico é uma dramatização do futuro, cabe aos executivos financeiros o papel de alertar em tempo, preparar simulações para aumentar a percepção dos fatos e para evitar arrependimentos no futuro.

6. Destaque das ameaças e oportunidades em surgimento

Prognosticar é uma forma de estar atento às oportunidades e ameaças em surgimento. No livro *The concept of Corporate Strategy*, Kenneth Andrews apontava para a necessidade de as empresas estarem atentas às oportunidades e ameaças. Como vimos no caso do professor e de seu projeto original do centro de estudos, a oportunidade emergente foi mais importante do que a estratégia deliberada.

Com relação às ameaças, elas são cada vez mais presentes com o advento das novas tecnologias que podem tornar obsoletos nossos negócios, podem estar em novos competidores, em nova oferta de produtos substitutos mais econômicos, assim como novos *players* que quebram com "as regras do jogo" e ganham aceleradamente fatias do mercado.

As oportunidades, por sua vez, podem estar em ser pioneiros na aquisição da nova e revolucionária tecnologia, em construir novos relacionamentos como forma de nos desenvolver, em adquirir empresa em dificuldade, em nos associar com quem pode somar a nossa atividade, em atender demandas potenciais não atendidas ou ainda em prestar serviços necessários com "expertise".

Tanto as ameaças como as oportunidades são analisadas num dado momento e são por sua vez influenciadas por nossa postura estratégica, mas tanto as oportunidades como as ameaças podem se alterar em tempo limitado e, se não tivermos agido, a oportunidade terá sido perdida. Devido a isso, o emergente em estratégia pode ser mais importante do que o deliberado. Destacar as oportunidades e ameaças é uma forma de prognosticar o futuro e provocar ação na prescrição e no tratamento. Entre algumas ameaças comuns se encontram muito fortemente as novas tecnologias, os novos competidores, às vezes menores, atacando pelos flancos, os produtos substitutos e as mudanças rápidas e difíceis de absorver.

Entre algumas oportunidades podemos citar a opção por novos relacionamentos com clientes e fornecedores, o investir em gestão ágil e moderna, em optar por serviços terceirizados com custo menor, em busca de novos negócios diversificados, mesmo que não relacionados, e na entrada em novos mercados em surgimento.

Um conflito se interpõe a um trabalho profícuo na observação do ambiente, quando a rotina do dia a dia nos absorve em demasia e não nos permite dar a devida atenção às tendências. Neste caso, será tarde quando percebermos a ameaça transformada em perda de mercado e/ou a oportunidade perdida por falta de vigilância do ambiente.

7. Análise da postura estratégica no contexto ambiental

Tendo feito os exercícios anteriores, resta-nos depois de elaborada a estratégia determinada de qual será o seu efeito no futuro. Seguramente os competidores terão também elaborado as suas estratégias enquanto elaboramos a nossa, e assim precisamos avaliar para onde estamos sendo conduzidos.

Enquanto a tecnologia muda rapidamente, precisamos avaliar se não estamos ficando distantes de estar atualizados. Atualizar pode ter um custo elevado e somente empresas maiores do que a nossa terão os recursos para se atualizar. Neste caso, sem deixar de investir, devemos manter um processo gradativo e lento, porém sempre buscando o objetivo de estar na vanguarda. Muitas vezes atualizar-se rápido demais, além do custo elevado, pode fazer com que nos antecipemos às necessidades e tenhamos de aguardar para obter os frutos da nova tecnologia.

Simultaneamente, a globalização de mercados pode permitir importar produtos substitutos com custo menor e tornar nossos produtos fora do mercado. Isto tem acontecido em muitos mercados pela importação de produtos chineses a preços incrivelmente baixos. Eles são de fato uma ameaça. Em uma experiência real, até pouco tempo atrás se pensava que a importação de cimento era inviável pelo elevado custo do transporte, por se tratar de produto pesado. Pouco tempo depois começou a chegar cimento importado de país que estava desesperado, precisando de dólares para importar produtos essenciais.

Como isto era possível? Na realidade, não era necessário importar o cimento pronto, era suficiente importar o clínquer, que é o componente básico e que seria a seguir misturado no país. Em segundo lugar, os navios asiáticos tinham reduzido substancialmente o preço do frete. Assim o que parecia impossível se tornou realidade, obrigando as empresas locais a serem competitivas e se defenderem dos novos competidores.

Algumas questões que surgem quando se analisa o ambiente estão relacionadas ao que deverá mudar na empresa, nos produtos e no mercado, o que deverá mudar em termos de agilidade e prestação de serviços, quais os planos dos competidores e como eles também mudarão no mesmo período, que novas tendências poderão surgir e ainda se estaremos capacitados para atingir os objetivos decorrentes. A partir dos questionamentos, poderão ser feitos novos ajustes nas estratégias elaboradas. Podemos assim concluir que o prognóstico é uma forma de antecipar o futuro, antecipar e dramatizar para prevenção, utilizando os recursos disponíveis de forma inovadora e criativa.

Se não fizermos nada após o prognóstico, estaremos deixando o futuro à deriva das forças do mercado sem capacidade de reagir. No entanto, a seguir devemos observar como será possível prescrever solução aos quesitos encontrando soluções para o futuro.

5. Como prescrever para atingir os objetivos desejados?

Conforme vimos anteriormente, o diagnóstico observa o momento atual com dados, com análise das áreas e procedimentos e ainda o histórico no tempo.

O prognóstico, por sua vez, alerta sobre o que pode vir acontecer seguindo com as tendências atuais e também alerta sobre possíveis tempestades que afetarão a sobrevivência. Tudo na forma de dramatização e alerta dos perigos por acontecer. A prescrição estabelece o elo entre onde estamos agora e onde gostaríamos de estar, mediante medidas concretas com iniciativas de mudanças, e responde às questões sobre que caminho seguir e o que fazer com base no conhecimento adquirido no diagnóstico e no prognóstico.

A escolha do que fazer é muito importante e dela depende o sucesso ou o fracasso com as suas graduações: desde um sucesso de grande envergadura até um sucesso limitado; de um fracasso rotundo a um leve retrocesso no desenvolvimento. Assim, o que fazer significa escolher entre inúmeras alternativas, que são cada vez maiores, o que torna difícil a escolha. Se as dúvidas persistirem, poderemos cair na inação, ou deixar de decidir; ou então se tivermos várias opções, cairemos na tentação de querer fazer tudo ao mesmo tempo. Ambas as soluções são negativas, porque dificultam uma ação definida e cuidadosa.

Importante destacar que prescrição sem ação não conduz a resultados e se torna sem efeito. Por isso, após a prescrição vem o tratamento ou ação. O processo de prescrição depende e fica influenciado por uma série de fatores.

---

1. Capacitação

2. Exercício de análise de perfil e preenchimento dos hiatos

3. Avaliar pré-requisitos estratégicos

4. A venda da ideia da mudança

5. Foco localizado nas prioridades e urgências

6. Foco na criatividade e inovação

7. Estrutura e seu papel na mudança

8. Cultura organizacional

9. Projetos estratégicos *hard* e *soft*

10. Modelos de processo decisório a ser adotado

11. Modelos de gestão

12. Qual estratégia adotar entre as alternativas disponíveis

FIGURA 10 – PRESCRIÇÃO

1. Capacitação

Desenvolver e manter capacitação é um caminho difícil, demorado e dispendioso, pois exige investimento permanente. Está relacionado com a percepção da necessidade de adequação ao ambiente. Existem organizações que investem fortemente no treinamento e na formação de seus quadros, mas nem sempre se preocupam suficientemente com a satisfação no trabalho, com a realização pessoal e com a motivação. Desta forma provoca desperdício de recursos.

A capacitação das pessoas e das equipes é obtida por meio de programas estruturados de desenvolvimento organizacional, com a utilização de técnicas de dinâmica de grupo, trabalho com objeto intermediário, sociodrama, além de uma série de exercícios e jogos destinados a aumentar a percepção das relações e dos procedimentos que afetam o trabalho das pessoas e das equipes na organização. O pessoal é, sem dúvida, a grande questão, se bem que não a única. No entanto, contar com pessoal qualificado, competente e preparado, gente motivada e que gosta de fazer o que faz, representa a diferença.

A capacitação está na organização e nas pessoas, se bem que esta separação não é muito nítida. Nas pessoas residem os comportamentos, talentos e habilidades. Portanto, o conhecimento, a capacidade para resolver problemas, a força e o poder decorrem do entusiasmo, elementos importantes da capacitação e esclarecedores quando se trata de prescrever o que fazer.

Simultaneamente, os estilos de liderança que permeiam os relacionamentos interpessoais entre chefes e subordinados também determinam a capacitação das pessoas, porque oferecem ambiente próprio para mudanças. O importante é que o fluxo de energia interno da organização não seja reduzido pela luta pelo poder, pelos conflitos entre setores, por diferenças de opiniões ou por rivalidades pessoais. Quando superintendente na empresa Toga, tive a oportunidade de aplicar grande parte de meu potencial pelo ambiente favorável às mudanças, patrocinado pelo Dr. Mario Haberfeld.

A capacitação da organização reside no clima e na cultura dominantes e também na capacidade física e na competência do *know-how*. Assim, uma forma de prescrever é investir no desenvolvimento das capacidades, tanto das pessoas como da organização, aumentando a percepção da realidade ambiental e das tendências, e provocar o reposicionamento para a adequação ambiental.

Estes programas de capacitação exigem um profundo conhecimento das necessidades e objetivam o crescimento das aspirações e da elevação da pessoa na busca de sua perfeição.

2. Exercício de análise de perfil e preenchimento dos hiatos

Esta análise foi introduzida por Igor Ansoff e consiste em três etapas diferentes. No início, avalia-se o ambiente de mudança dentro de uma escala de 1 a 5. Esta avaliação é denominada de turbulência e indica como olhamos para a mudança ao nosso redor. Em um segundo momento, é avaliada a estratégia que está sendo adotada pela organização. Nessa avaliação, comparamos a nossa atuação com a do setor, especialmente a de nossos competidores, e verificamos nosso estágio tecnológico, nossos produtos, nossos custos e a aceitação por parte de nossos clientes. Relacionamos a turbulência detectada com a estratégia adotada e constatamos um primeiro hiato.

Em um terceiro momento, avalia-se a capacitação nas pessoas e na organização, levando em conta o preparo, a disposição, as habilidades desenvolvidas, e novamente comparamos a capacitação com a turbulência, o que nos fornece um segundo hiato, desta vez entre turbulência e capacitação. Percebemos então que a estratégia é fortemente influenciada pela capacitação e que precisamos eliminar, ou pelo menos reduzir, os hiatos encontrados. Para tanto, são prescritos programas.

Durante dez anos, realizei estes exercícios com executivos em seminários, e a medição da turbulência era considerada de 4,1 na escala de 1 a 5. Na avaliação denominada estratégia e capacitação, constatamos resultados diferenciados entre empresas estatais e outras empresas. Nas estatais analisadas pelos próprios executivos, as avaliações incidiam em 2,1, nas familiares em 3,2 e nas multinacionais em 3,9. Isto significa uma melhor adaptação ao ambiente das multinacionais, intermediária nas empresas familiares, muitas vezes com problemas sucessórios, e menor adaptação ao ambiente por parte das estatais, nas quais prevalecem muitas vezes fatores políticos e limitações à ação dos executivos.

Por esta amostragem de aproximadamente 500 executivos avaliando, é possível deduzir que os hiatos entre turbulência/estratégia e capacitação são maiores nas empresas estatais. Esta análise, que pode ser realizada periodicamente, permite verificar como a empresa passa a perceber a necessidade de corrigir os hiatos e prescrever medidas em tempo para adequação ambiental.

A seguir, vejamos a representação gráfica deste exercício.

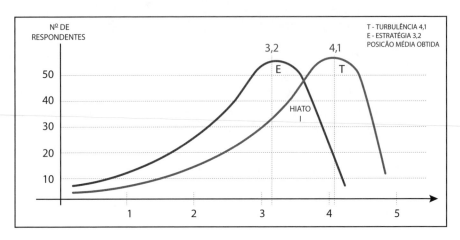

FIGURA 11 – TURBULÊNCIA E ESTRATÉGIA

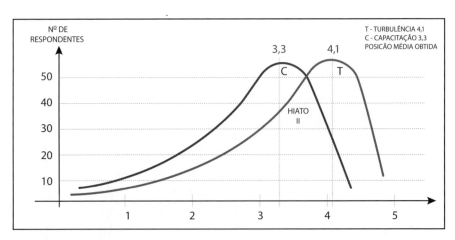

FIGURA 12 – TURBULÊNCIA E CAPACITAÇÃO

Lições de Estratégia nas Organizações | **179**

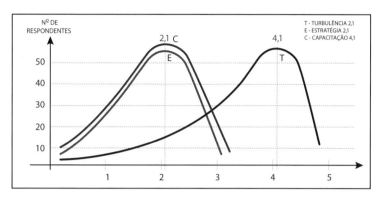

FIGURA 13 – EMPRESAS ESTATAIS

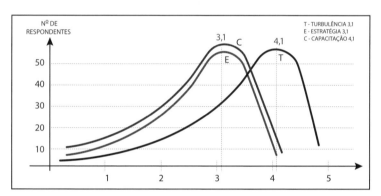

FIGURA 14 – EMPRESAS FAMILIARES

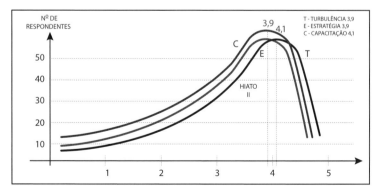

FIGURA 15 – EMPRESAS MULTINACIONAIS

O resultado deste trabalho é tão somente uma tendência verificada pela experiência com grupos de executivos, o que não significa que não existam empresas familiares com hiatos muito reduzidos ou empresas multinacionais que não possam ter hiatos significativos. Também em alguns casos foi constatado nas empresas estatais avaliação dos executivos considerando que as estratégias estavam bem ajustadas ao ambiente. A partir desta análise surge a pergunta de como podemos preencher os hiatos detectados. Os hiatos surgem porque o ambiente muda muito rapidamente, muitas vezes, mais rápido do que a organização.

Para acelerar a mudança estratégica, não é suficiente simplesmente querer mudar, é preciso aumentar a percepção da necessidade e o que somente se provoca ao aumentar a capacitação. Por isso, nos exercícios realizados, estratégia e capacitação são avaliadas de forma similar, sendo que capacitação é sempre um pouco acima da estratégia.

Um bom equilíbrio entre cosmopolitas e provincianos também ajuda no desenvolvimento da capacitação. Os cosmopolitas são aqueles elementos mais identificados com a profissão do que com a empresa e, por isso, precisam ser introduzidos na cultura, nos hábitos e na filosofia da empresa. Os provincianos, por sua vez, são elementos que vestem a camisa da empresa, muitas vezes formados na empresa, mas possuem pouca visão de mundo e, por isso, precisam viajar para conhecer outros ambientes, ganhar uma visão mais ampla para entender como a empresa precisa se transformar.

Como não existe a alternativa de reduzir a mudança ambiental, que é uma variável não administrada, o único caminho possível é reduzir os hiatos aumentando nosso nível de adequação. Essa adequação está nos produtos, no atendimento e nos serviços, no pós-venda, na comunicação e, muito provavelmente, também na internet, utilizando-se de novos recursos disponíveis tecnologicamente com facilidade.

A prescrição mediante análise de perfil sendo feita periodicamente é uma provocação para reduzir os hiatos que se originam quando a mudança acelera e nosso ritmo não acompanha. Assim provoca novo impulso de mudança e adaptabilidade sempre que necessárias.

3. Avaliar pré-requisitos estratégicos

Existe uma visão simplificada newtoniana que herdamos da filosofia de Descartes e que reside na visão simplificada dos fatos isolados. No entanto, quem já leu o livro *Ponto de mutação*, de Fritjof Capra, deve ter chegado à conclusão sobre os profundos inter-relacionamentos e da complexidade crescente de uma realidade que exige crescer para poder entender.

Assim foram surgindo os pré-requisitos, como uma espécie de pré-condição, para serem eliminados ou mesmo reduzidos os hiatos entre capacitação e estratégia em relação à turbulência. No meu livro *Tornando Administração Estratégica Possível*, são relacionadas duas listas de pré-requisitos: externos e internos.

No quadro a seguir, são colocadas dez variáveis ambientais relevantes.

Variáveis	De	Para
1 Governo	Estabilidade	Incerteza, mudança
2 Política	Definida	Indefinida
3 Leis novas	Poucas, conhecidas	Muitas, com surpresas
4 Economia	Estável, controlada	Mudança incerta
5 Setor industrial ou de serviços	Sólido, estável, trincheiras seguras	Instável, novos concorrentes, novas barreiras, luta por fatias de mercado se alternando.
6 Tecnologia	Pouca alteração	Em mudança acelerada nos produtos. Produtos substitutos.
7 Concorrentes	Locais, bom entendimento	Múltiplos, nacionais e internacionais. Produtos substitutos.
8 Clientes	Poucos, fiéis, tradicionais, mantendo relação estável.	Múltiplos, dependência, relação difícil devido à concorrência crescente. Instável. Necessidade de novos mercados.
9 Fornecedores	Tradicionais, suprimento tranquilo, preços estáveis	Novos substitutos. Instabilidade no fornecimento e nos preços. Fornecedores do exterior.
10 Ambiente geral	Estável, previsível	Turbulento, cheio de surpresas.
11 Outras variáveis		
Notas atribuídas por variável Soma	1 — 10 a 20	2 — 21 a 30	3 — 31 a 40	4 — 41 a 50	5

FIGURA 16 – VARIÁVEIS AMBIENTAIS

No quadro a seguir, são colocadas 18 variáveis internas.

Variáveis	De	Para
1 Organização	Departamentalização	Integração
2 Estrutura	Estrutura formal	Unidade de negócios informal
3 Direção	Direção de elite	Participativa
4 Foco	Foco no processo	Foco na ação
5 Sistema	Marketing	Estratégia
6 Atitude	Sistema de planejamento	Atitude em tempo real
7 Abordagem	Enfoque de sistemas	Sistemas integrados
8 Ênfase	Apoio	Finalidade
9 Acordo	Consenso	Negociação
10 Organograma	*Staff*	Linha
11 Observação	Segmentos de mercado	Áreas de negócios
12 Comportamentos	Conservadorismo	Criatividade
13 Respostas	Sistemas rígidos	Flexibilidade
14 Complexidade	Simples respostas	Ambiguidade
15 Executivos	Papéis de gerência	Solução de problemas complexos
16 Percepção	Controle	Avaliação de hiatos
17 Planejamento	Operacional	Estratégico
18 Desenvolvimento pessoal	Treinamento	Capacitação
Notas atribuídas por variável Soma	1 — 18 a 36	2 — 37 a 54 / 3 — 55 a 72 / 4 — 73 a 90 / 5

FIGURA 17 – VARIÁVEIS INTERNAS

Em ambos os casos, podemos elaborar uma avaliação e observar como nos afetam as variáveis externas quando estamos pensando na formatação de prescrição para tomada de medidas futuras. E também como nos afetam as variáveis internas para nos permitir estar preparados diante da mudança ambiental. Essas figuras podem ser utilizadas para avaliar a capacitação e a posição estratégica em relação à turbulência na análise de perfil.

4. A venda da ideia da mudança

Pode parecer simples convencer uma empresa a mudar a uma rota que pode levar à colisão, mas isto nem sempre acontece. Muitas vezes o fundador, que era de grande iniciativa, tornou-se controlador e não quer arriscar a mudar. Outras vezes executivos acomodados preferem manter a situação em lugar de arriscar um futuro incerto.

Nessas circunstâncias, cabe aos agentes de mudança convencer os detentores do poder de que a mudança é necessária. Ansoff falava na necessidade de construir uma plataforma de lançamento. Não é possível enviar um foguete para a Lua sem uma plataforma adequada. Da mesma forma, para promover mudanças necessárias numa organização, é preciso contar com poder maior que resistência, uma vez que muitas vezes existem resistências por parte dos que se deram bem no passado.

A incorporação das novas tecnologias é sempre um desafio a ser resolvido, uma vez que implantar tecnologia tem custo muitas vezes elevado e pode contar com reação de resistência para conseguir os recursos necessários. Sem convicção por parte dos agentes, que podem ser ou não os de escalão superior, não será possível convencer outros e construir a tal plataforma para lançamento. E a insatisfação é a grande mola propulsora da mudança. Quando estamos satisfeitos com tudo e nos acomodamos, provavelmente estaremos superados.

Muitas organizações estão em dificuldades e não conseguem identificar os motivos. E quando alguém visualiza uma saída e faz uma proposta, precisa ter credibilidade para que a mesma seja aceita. Credibilidade é conquistada por feitos anteriores de sucesso. No caso de a pessoa ter perdido credibilidade por ter oferecido soluções malsucedidas, dificilmente terá suas novas ideias aceitas.

A prescrição demanda certo grau de subversão, desde que exista uma convicção sobre o que se quer recomendar. Quando, por outro lado, se busca a total segurança e se evita o risco, conduz à imobilidade, porque segurança total não existe. E assumir riscos faz parte do dia a dia dos negócios.

Em um caso da indústria farmacêutica, seguindo a orientação da matriz, a filial brasileira optou por não defender a posição de se adaptar ao mercado brasileiro com produtos de consumo crescente com produtos genéricos e preferiu fazer demissões e encolher, ficando claro que os dirigentes não desejaram se arriscar expondo com clareza as suas ideias e preferindo simplesmente obedecer às ordens.

5. Foco localizado nas prioridades e urgências

O processo de prescrever exige escolher entre muitas alternativas. Num dos exemplos citados, a prescrição foi orientada para implantar um sofisticado sistema que resolveria todos os problemas, mas seus elevados custos e tempo de implantação tiveram como efeito o fechamento da empresa. Não tinha sido destacado o que era prioritário e urgente.

No caso do banco de mais de 100 mil funcionários, foram detectadas duas prioridades: eliminar as filas e treinar para um atendimento melhorado ao público. Estas prioridades foram detectadas como importantes e a estratégia focada foi, em primeiro lugar, atender a estas prioridades.

No livro *The Strategy Game*, de Craug Hickman, passamos pela experiência de ter de dirigir uma empresa e tomar decisões de escolha entre alternativas e sob pressão. Qual a prioridade? Trata-se de uma questão sempre presente.

Fazer o exercício na empresa pode ser uma forma de aumentar a percepção de quais são as prioridades. Trata-se de um exercício simples. Na ocasião de trabalhar com estratégias de futuro, podemos iniciar perguntando aos executivos quais são as cinco preocupações mais importantes naquele momento. Após cada um mencionar as cinco preocupações, solicitamos que marque com número 1 a mais importante, 2 a segunda mais importante e assim por diante, até a quinta. Escolhemos somente as três primeiras e vamos escrevendo no quadro as opiniões de cada um dos presentes.

Terminamos detectando as principais preocupações, que são as de maior incidência, e teremos então um espelho da situação encontrada e da necessidade de agir. Não eliminar as preocupações seria definir estratégias de longo prazo, passando por cima dos verdadeiros problemas. Alguns exemplos detectados no exercício das preocupações podem ser a dívida do momento, a falta de inovação nos produtos, a dificuldade em lidar com competidores mais ágeis, etc. Resolver estas prioridades é preparar o caminho para maiores saltos no futuro. Ignorar as preocupações é deixar um terreno impróprio para mudanças.

Podemos ainda fazer um exercício para detectar quais são as preocupações poe meio de uma matriz de urgência e impacto.

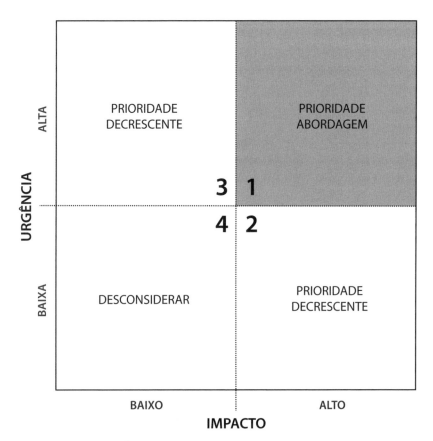

FIGURA 18 – MATRIZ DE URGÊNCIA E IMPACTO

6. Foco na criatividade e na inovação

A criatividade e a inovação devem estar hoje presentes em todo setor e em toda atividade. Por isso atribuir a um único órgão este papel deixou de ser a forma de abordagem adequada. Sem dúvida, dependendo do tipo de organização, o setor de TI e os antigos setores de P&D são fundamentais na introdução de mudança.

Estar atualizado tecnologicamente é uma árdua tarefa, porém o importante é saber aonde se deseja chegar com a inovação e tecnologia e dirigir nesse sentido o desenvolvimento. O atraso ou o erro na escolha do que fazer pode ter consequências muito negativas.

Na época em que trabalhei na Alemanha, na fábrica de volantes para automóveis Lendkradwerk Gustav Petri, constatei que ela havia desenvolvido uma máquina para usinagem múltipla dentro da própria empresa, com a melhor das intenções de racionalizar a produção. Isto estava em estado adiantado de montagem quando um fabricante especializado neste tipo de equipamento havia também desenvolvido a um custo muito menor uma máquina própria para esta finalidade e que já estava sendo vendida no mercado.

Em outro caso, numa fábrica de papel, resolveu-se fazer uma modernização numa antiga máquina que tinha um processo antiquado e pouco produtivo. Depois de investimentos consideráveis, constatou-se que os únicos clientes que eram atendidos por esta máquina estavam descontinuando os pedidos: um porque havia substituído papel por plástico e o outro porque tinha deixado de trabalhar com aquele produto.

Desta forma, com a reforma feita e o investimento concluído, a máquina ficou parada durante muito tempo até se obter outra destinação.

Estar à frente da tecnologia pode ser um caminho de custo elevado e não compensar, no entanto, deixar de se atualizar, especialmente em relação aos competidores, pode significar ficar fora do mercado.

Nos mercados competitivos, erros dessa natureza são imperdoáveis e cabeças podem rolar quando ocorrem. Em empresas profissionalizadas costuma-se premiar regiamente o sucesso, porém também se pune com rigor o fracasso. Mas empresas paternalistas, no entanto, toleram, porque utilizam sistemas autocráticos em que a decisão é sempre da cúpula, e esta não pode ser punida.

O ambiente cada vez mais competitivo de hoje exige rapidez de resposta e adequação às demandas por parte das empresas. E, para isso, elas precisam se utilizar de criatividade e inovação, requisitos que se encontram latentes em todos. E para desabrochar isso entre os colaboradores, é preciso estímulo e não tolher nem prejudicar o potencial criativo do pessoal.

7. Estruturas e seu papel na mudança

Quando lidamos com estratégia, podemos nos deparar com estruturas que dificultam a sua implantação. Neste caso, o processo de mudança pode começar pelas estruturas.

Certa ocasião, deparei-me com uma organização que desejava elaborar as estratégias de futuro, porém não tinha a sua governança definida, com setores informais não fazendo parte da estrutura. Nesse caso, partimos inicialmente para definir uma estrutura com governança clara e com o papel de cada órgão bem definido. Com essa estrutura, seguimos pensando no futuro e, se fosse necessário e conveniente, a estrutura definida preliminarmente poderia ser modificada.

Em um grande grupo empresarial, encontrei uma estrutura elaborada por uma grande empresa de consultoria que dividia o grupo em duas grandes áreas: uma operacional, que possuía as unidades de negócios, fábrica e produtores, e outra formada por setores pensantes, que reportavam a áreas como planejamento, organização, recursos humanos e todos os setores de apoio.

Naturalmente, os setores-fins facilmente poderiam gerar conflito com os setores-meios, não concordando com os planos ou reclamando da falta de meios para conseguir seus propósitos. Apesar de possuírem pouca responsabilidade, os setores pensantes eram muito poderosos e reportavam diretamente ao presidente. Dividir desta forma é ignorar que quem executa deve também planejar por estar mais capacitado. Os executivos que produzem sabem quais são as suas necessidades e devem participar das atividades pensantes.

Em outro caso, de um grupo onde imperava a informalidade e com uma direção muito forte centrada em uma única pessoa, mos últimos anos, no entanto, as margens de resultados foram desaparecendo e os números se tornando negativos.

Era importante, portanto, apurar responsabilidades e definir a autoridade de cada negócio, uma vez que se tratava de grupo diversificado. Definir responsabilidades significava repensar a estrutura, descentralizar decisões, mantendo o controle central. Foi criado então o Conselho de Administração e designados os responsáveis por cada negócio, e ao mesmo tempo foi instituído um sistema de remuneração vinculado com os resultados. Na nova estrutura, foi privilegiada a implantação de novas tecnologias, outorgando poder a setores específicos com essa finalidade.

Para prescrever estruturas, é preciso conhecer profundamente as existentes e também as personalidades envolvidas. Seria teórico elaborar estruturas sem pensar nas pessoas. E o formato da estrutura dependerá do estágio de desenvolvimento e das propostas novas, assim como dos projetos em andamento. Dependerá também dos objetivos e das estratégias, porém sem significar que obrigatoriamente a estrutura deva seguir a estratégia ou vice-versa.

A interdependência é grande demais para ser apresentada de forma tão simples. As estruturas influenciam as estratégias e, portanto, devem ser desenvolvidas conjuntamente e de acordo com as necessidades.

Prescrever estruturas é uma tarefa árdua, que afeta o poder e as pessoas, que influi no modelo de gestão e na finalidade e interfere nos custos. Empresas modernas criam estruturas flexíveis centradas na finalidade. Nesta tarefa, conhecer as estruturas de competidores, de líderes, pode ser útil, mesmo que não sejam imitadas. Assim cada empresa, com a sua idiossincrasia própria, deve definir qual a melhor estratégia para atingir seus objetivos.

A única característica comum às organizações é que devem ser desburocratizadas para se manter nos mercados. Segundo Alvin Tofler, os sinais da burocracia são os cubículos ou salas fechadas, onde as pessoas se isolam e não se comunicam e os canais impedem, por respeito à autoridade, a comunicação direta entre os mais diversos setores da organização. Infelizmente, estruturas assim ainda prevalecem na administração pública. O atual prefeito João Doria tem sentido na carne o que é lidar com sistemas burocráticos.

Nas entidades do governo federal, nos estados e nos municípios, estruturas burocráticas prejudicam os cidadãos, emperram a máquina funcional, oneram os custos operacionais e se tornam obsoletas. O corporativismo impede a modernização, porque os que se deram bem no modelo existente resistem a qualquer mudança que possa "balançar o barco" e mudar o *status quo*.

Isto não deve ser generalizado. Como exemplo, menciono a Universidade de São Paulo, onde encontramos departamentos altamente eficazes, cumprindo a sua missão a contento e atuando em nível de pesquisa, no nível educacional e na integração com a comunidade, em esforço constante de superação de seu desempenho.

Não podemos dizer o mesmo das estruturas criadas com tráfego de influência e defendendo interesses das pessoas em lugar de servir à comunidade. Os recentes episódios de corrupção que têm sido amplamente noticiados e a necessidade de vigoroso sistema moralizante por intermédio da Operação Lava Jato e de juízes na busca da moralidade e da ética são testemunho do desvio de finalidade com estruturas lamentavelmente corrompidas pelo desejo de enriquecimento ilícito.

Estas estruturas se espalharam pelo país num movimento degenerativo e perigosamente enganoso, que provocou o empobrecimento do Rio de Janeiro e grandes escândalos com homens públicos, de partidos que estavam no poder, que usurparam a autoridade que lhes foi concedida pelo voto para enriquecerem. Percebemos então que as estruturas são importantes, mas também o é a formação ética das pessoas que ocupam os cargos. Elas, assumindo posições na estrutura, passam também a assumir responsabilidades.

É impossível omitir o importante papel da formação escolar, ético-familiar e profissional dos integrantes das estruturas na busca da sustentabilidade dos sistemas em que estamos inseridos.

8. Cultura organizacional

Prescrição na mudança de cultura não é uma tarefa simples. Mudar o clima organizacional é possível, mas mudar a cultura é lidar com as vivências e experiências do passado. Mesmo assim, é preciso submergir na cultura existente e conhecer adequadamente as suas características, para somente então exercer influência de mudança. Outra forma de pensar é simplesmente modificar, o que se torna muito mais traumático e é somente recomendável em casos extremos. Isto ocorre, por exemplo, quando uma empresa absorve outra e aos poucos impõe a sua cultura, que passa a ser a dominante.

Por outro lado, sempre as empresas manifestam intenção de mudar, mas seus executivos estão tão atarefados que lhes faltam espaço e tempo para poderem desenvolver intuição criativa, inspiração e imaginação. Para introduzir mudança cultural, é preciso utilizar formas de complementar mediante o que falta. Por exemplo, se falta espaço para criar, cria-se um espaço específico; se faltam novas ideias, estimula-se por meio de técnicas que liberem a criatividade; se há conflitos internos ou disputa pelo poder, buscar administrar os conflitos e conscientizar sobre os perigos do fluxo perverso de energia e perda de posição competitiva que isso acarreta.

Muitos processos não provocam mudanças porque são abrangentes demais ou porque a verdadeira intenção não é mudar. Isto ocorre devido a uma cultura conservadora, que não deseja assumir riscos, ou pela idade do dirigente, que de empreendedor passou a ser controlador.

Assim o ritmo de mudança, em busca de resultado, deve ser adequado à cultura organizacional e tão rápido ou lento quanto a cultura possa absorver. Na medida em que a mudança, mesmo lenta, for obtendo credibilidade, poderá ser aos poucos acelerada. Em outros casos, em que a mudança é muito bem recebida, é preciso ter cuidado porque, ao prescrever a mudança, o que é sugerido ou debatido é rápido e sumariamente implantado.

E as culturas conservadoras que dificultam a mudança não são necessariamente negativas e decorrem da experiência do que deu certo no passado. Somente mediante pressão externa, do ambiente, as empresas conservadoras tomarão consciência e se movimentarão no sentido de mudar, porque, caso contrário, terão desaparecido.

9. Projetos estratégicos *hard* e *soft*

Já foi dito muitas vezes que uma empresa ou organização que possui projetos vale mais, mesmo que eles estejam no início de execução ou que se encontram em andamento adiantado. Conhecendo quais são os projetos, estaremos conhecendo qual é a estratégia.

Os projetos podem ser de duas naturezas e a sua somatória constitui o que podemos denominar de plano-mestre de uma organização. Os projetos podem ser relativos a investimentos em estrutura, ampliação física, equipamentos, instalações, ou seja, de patrimônio físico. Neste caso são os projetos denominados *hard*. Ou podem também ser projetos destinados a novas tecnologias, sistemas, treinamento, mudança cultural, capacitação, que melhoram as comunicações ou administram conflitos. São ativos invisíveis, que denominamos de projetos *soft*.

Cada vez mais se investe em projetos *soft*, que contribuem indiretamente para formar o capital da organização. Este capital é cada vez menos avaliado pelos ativos físicos e cada vez mais pelos resultados obtidos pela operação, que são decorrentes da capacitação desenvolvida e dos sistemas que respondem prontamente aos anseios e carências do ambiente.

Por sua vez, os projetos são desenvolvidos tendo como origem as inquietações ou preocupações dos dirigentes e de suas ambições, muito especialmente de sua visão de futuro. Ou seja, sobre onde queremos estar num futuro não muito distante.

A prescrição em projetos não tem por objetivo recomendar que devam ser levados adiante, e sim alertar sobre como o foco nos projetos nos deixará posicionados estrategicamente em relação às ações empreendidas pelos competidores.

Será que os projetos em andamento e os que se pretende implantar serão suficientes para manter ou até melhorar a posição nos mercados onde atua a empresa? A limitação aos projetos são os recursos disponíveis, que devem ser muito cuidadosamente planejados para evitar investir e depois ficar o equipamento parado porque o cliente da máquina mudou de necessidade e deixou de comprar onde investimos erradamente.

Por outro lado, para iniciar um projeto de investimento, é preciso ter construído preliminarmente alicerces financeiros ou reservas suficientes para passar pelo período mais crítico do investimento sem maiores dificuldades e com dívidas muito controladas e factíveis de suportar. O maior risco na fase de investimentos é relativo ao caso do caranguejo, que quando cresce fica vulnerável. Fracassos comuns nas tentativas de desenvolvimento ocorrem quando as empresas assumem riscos financeiros elevados e sem recursos próprios, aventurando-se em projetos que estão acima de suas possibilidades.

10. Modelo de processo decisório a ser adotado

Antes de chegarmos a prescrever o que fazer, passamos pelo diagnóstico e pelo prognóstico. Observamos casos de empresas que decidem rápido, mas não implantam nunca. Empresas que decidem devagar e implantam devagar, empresas que decidem rápido e implantam rápido e empresas que decidem devagar e implantam rápido.

Os métodos utilizados na tomada de decisões podem diferir entre as empresas, mas um método dominante nas empresas familiares é o autocrático. Isto pode ocorrer também nas multinacionais e em estatais. Com a tendência de modernização e criação de estruturas menos rígidas e menos centralizadas, outros métodos mais participativos têm sido utilizados pelas organizações, consultando os quadros, ouvindo mais antes de tomar decisões.

No caso da Honda, em Manaus, relatado na primeira parte deste livro, o processo de tomada de decisão foi lento, comparado com outras empresas, mas o período de implantação foi muito rápido, compensando amplamente o tempo gasto para decidir.

No caso da empresa Metal Leve, na época da diretoria coordenada pelo então Dr. José Mindlin, as decisões aconteciam só depois de ouvidas todas as partes. Só quando todos os membros da direção concordavam, mesmo com ressalvas, é que a decisão era tomada. Dessa forma, nunca era decidido por maioria, nunca havia vencedores e vencidos numa dúvida sobre, por exemplo, investimentos.

O engenheiro Gerard Endenburg, empresário holandês dono de uma empresa especializada em tecnologia de radares, desenvolveu na sua própria empresa, e depois relatou no livro *Sociocracy*, a metodologia de um processo decisório construído na base do consentimento.

Este método consistia em, assim que se recebe uma proposta decisória, ouvir todas as partes envolvidas (caso da Honda) e nunca decidir por maioria (caso da Metal Leve). Em lugar disso, quando alguém discordava ou argumentava contra certa decisão, os diretores ou os participantes do debate também argumentavam e a pressão do grupo terminava deixando o questionador numa posição de ficar sozinho contra o grupo. Neste caso, ele acabava consentindo para que a decisão fosse tomada e eventualmente deixava alguma ressalva de que a sua posição fosse destacada para uma futura verificação. Assim, sem necessidade de consenso, era possível decidir e ir em frente sem perda de tempo. A utilização desta metodologia tem recebido inúmeros adeptos para decidir em tempo, evitando defasagens por processos decisórios lentos demais.

Por outro lado, os processos autocráticos são rápidos, não consultam ninguém, mas quando as decisões terminam erradas, a culpa é da direção. Quando prevalece o carisma do fundador, todos seguem obedientes e, mesmo que em alguns casos haja consulta aos subordinados, a decisão fica com o número um. Nessas organizações, pessoas questionadoras ou que têm ideias próprias não são bem-vistas e a posição dos subordinados é confortável, precisando tão somente obedecer às ordens. No entanto, o modelo autocrático se torna muito perigoso num mundo em transformação e na medida em que o fundador e pioneiro aos poucos muda de atitude, passando de empreendedor a controlador e evitando assumir riscos.

Podemos concluir afirmando que o método decisório a ser escolhido deve ser aquele que melhor se adapte às necessidades da organização, sempre levando em conta as personalidades de seus dirigentes. Organizações com problemas nos métodos decisórios atuais podem resolver seus problemas simplesmente tomando consciência da mudança possível para outras formas mais adequadas de decidir.

11. Modelos de gestão

Grande quantidade de modelos de gestão tem sido produzida nas últimas décadas e todas elas partem de uma governança definida.

Algumas perguntas que surgem para se definir o modelo a seguir na prescrição estão relacionadas com o que gostaríamos de fazer? Ou também em que acreditamos para o futuro? Qual a nossa posição com relação a criar uma consciência de sustentabilidade na empresa ou organização e no ambiente em que estamos inseridos?

Um empresário conhecido que não acredita na sua empresa deixa de investir e diversifica para setores de serviços, formando alianças internacionais. Outro empresário em metalurgia transforma a sua empresa em vaca leiteira para obter o máximo de resultado, não acreditando no futuro do setor, e assim permite ao seu principal competidor, que acredita e investe, obter maior fatia do mercado. Dessa forma, é preciso definir no que se deve acreditar e agir da melhor forma possível na busca do sucesso.

Pensar que copiar o modelo dos outros pode nos levar ao sucesso pela imitação também pode nos levar ao fracasso. Assim não é possível prescrever um único modelo de gestão que possa ser aplicado em todos os casos. O sucesso pode ser encontrado em formas diferentes de gestão. Como vimos no caso da Trol, comparado com o caso de um competidor imediato, enquanto ela trabalhava 24 horas por dia tentando obter melhor resultado pela economia de escala, o competidor trabalhava 16 horas com melhor qualidade e resultados também bons e até melhores.

Os estilos dos donos do negócio ou do executivo no papel de CEO diferem substancialmente de empresa para empresa, e não existe um modelo que possa ser recomendado na busca de sucesso. No entanto, alguns princípios podem ser definidos, como não gastar mais do que se ganha, não investir acima das possibilidades, conhecer profundamente a atividade ou negócio no qual atua e manter as suas equipes motivadas e interessadas. Estas são algumas generalidades, não significando modelo de gestão.

Quando a situação da organização entra no ciclo de declínio, muito provavelmente será necessário mudar o estilo de gestão, renovar forças e atitudes, mudar para uma nova posição competitiva, ser criativo e inovar. Também o modelo de gestão mediante mudanças na direção pode ajudar a reverter um quadro de deterioração. Fazer rodízios de funções, mudar pessoas, admitir ou demitir, promover e fazer novas experiências podem ser formas de chegar novamente a uma atividade normalizada e até ao crescimento.

Alguns princípios gerais que correspondem a empresas modernas podem ser aplicados, desde que convenientes. Podem ser: participação e integração dos funcionários, criação de ambiente agradável de trabalho, manutenção de certa pressão no desempenho e remuneração de acordo com o mesmo, liderança carismática, seriedade e correção, responsabilidade social e para com as famílias, atitude proativa com relação ao futuro, eliminação de entulho burocrático e introdução de tecnologia, além de preservação do meio ambiente.

Estas ações devem ser prescritas desde que promovam imagem e posição adequada nos diversos ambientes em que a empresa ou organização está inserida.

12. Qual estratégia adotar entre as alternativas possíveis

O processo de prescrição é concluído ao se fixarem a estratégia a seguir, o rumo definido e a ação a ser empreendida. A escolha da estratégia não é tarefa de alguém externo à organização. Ela deve surgir a partir das análises feitas internamente pelas equipes ou a partir das preocupações importantes. Quando a estratégia conta com participação e resultado de visão compartilhada, as chances de sucesso são maiores do que quando é produto do sentimento de uma pessoa. Uma forma de se escolher a estratégia a seguir é pelo menos contar com alternativas e poder avaliar entre elas qual a mais conveniente, a mais segura, a que poderá obter maior sinergia e sucesso.

Enquanto elaboramos e definimos o caminho a seguir, nossos competidores não ficaram imobilizados. Eles também terão elaborado um caminho a seguir que pode conflitar ou não com as nossas decisões. Desta forma, a pergunta que resta responder é: Como ficará nossa posição competitiva após decorrido o período de implantação das estratégias?

Assim que são definidas e escolhidas as estratégias, o que normalmente ocorre num certo momento, elas são denominadas de estratégias deliberadas. Mas não se pode esquecer que outro tipo de estratégia pode surgir caso apareçam oportunidades emergentes, como a chance de adquirir um competidor em dificuldades, o surgimento de um novo relacionamento interessante com outra empresa em outro país ou de um novo mercado altamente interessante para nossos produtos e muitas outras deliberadas. É preciso ficar vigilante quando do surgimento de oportunidades que podem ser mais significativas do que as estratégias deliberadas num certo momento de tempo.

No livro *A Estratégia Focada no Lucro*, de Adrian J. Slywotzk e David J. Morrison, são relatados dez casos de grandes empresas, cujos aspectos comuns são destacados na figura a seguir.

- Visões sempre presentes e facilmente indentificáveis.
- Fortes lideranças e vontades firmes.
- A importância das estruturas serem adequadas e facilitadoras.
- Foco no cliente para atender suas necessidades e foco no resultado final para a empresa.
- Criatividade, inovação e reinvenção do negócio sempre que necessário.
- Quebra com velhos paradigmas que não se aplicam mais.
- Todos têm em comum o fato de serem todos casos diferentes.
- As soluções apresentadas raramente apresentam algum aspecto de coincidência.
- Coragem, determinação e saber o que se quer são uma constante.
- O negócio muda e se transforma no tempo em uma nova concepção.

FIGURA 19 – ASPECTOS COMUNS NO SUCESSO

6. Como tratar a organização na implantação com ação positiva e em tempo?

Muitas organizações dedicam muito tempo ao diagnóstico e elaboram relatórios volumosos. Também prognosticam e dramatizam o que pode vir a lhes acontecer e terminam prescrevendo medidas que dificilmente são aplicadas, porque encontram resistência ou porque são consideradas teóricas demais e pouco práticas para serem implantadas.

Todo o esforço realizado e os gastos incorridos, no entanto, terão sido inúteis se não houver uma ação correspondente às necessidades. Definida a prescrição, o passo seguinte é a implantação. E a dificuldade não está na elaboração das estratégias de futuro, e sim na colocação em prática.

Quando ocorrem mudanças imprevistas, projetos em andamento são paralisados, novas ideias surgem para substituir as originalmente debatidas e os planos originais terminam abandonados e substituídos por outros. Assim, implantar não significa seguir rigorosamente o que foi prescrito num determinado momento. Muitas vezes é preciso ter a coragem de mudar, adaptar, ser flexível na busca da melhor solução. Significa se posicionar em relação aos mercados, agir, atuar, não esmorecer, estar em constante movimentação, agitação e desenvolvimento em direção à miragem de um futuro promissor.

Sem dúvida, a visão otimista e empreendedora é fundamental, mas quando o pessimismo e o desânimo tomam conta da direção, o resultado só pode se transformar em negativo. Quando buscamos implantar um projeto, é comum encontrarmos também dificuldade em conseguir unidade de esforços por parte das equipes. Ciúmes, rivalidades e defesa do setor em detrimento do conjunto prolongam o tempo para se conseguir ver a ação terminada.

Como vimos no caso da Honda, as empresas ocidentais decidem rápido e implantam devagar, enquanto na Honda se gasta o tempo necessário para todos estarem suficientemente motivados e entenderem o que deve ser feito, e, quando se parte para a ação, o tempo a percorrer fica substancialmente reduzido. Tom Peters, em suas palestras na Strategic Management Society Conference, enfatizava que de nada adianta uma excelente estratégia se não tiver simultaneamente uma vontade firme para torná-la real e de sucesso.

Na implantação devem estar concentrados o esforço e o fluxo de energia da organização. E quando isto ocorre com unicidade, todos juntos irmanados no esforço, os resultados são animadores. É preciso evitar o desperdício de volumosos relatórios, muito úteis no mundo acadêmico, mas desnecessários para as organizações que buscam objetivos e pragmatismo. As energias devem ser canalizadas para implantar a transformação necessária e para a eliminação dos hiatos entre estratégia e ambiente e estratégia e capacitação, como visto no exercício de análise de perfil.

Como todo tratamento pode trazer inconvenientes, nem sempre agradáveis a todos, isso pode significar ameaças para os que se posicionam como conservadores, ou para os que têm medo de perder privilégios conquistados no tempo. Eles resistirão, a menos que os modelos de gerenciamento e os processos decisórios tenham sido fortalecidos com comprometimento.

Como consequência, é preciso visualizar os entraves ou dificuldades no implantar a ação, com os detalhamentos a seguir.

---

1. Resistência e sua gestão

2. Por que os processos de mudança não provocam mudança

3. O papel dos agentes na implatação

4. Acompanhamento dos projetos *hard* e *soft*

5. Implantação simultânea à formulação

6. Plano mestre estratégico

7. Planejamento ou pensamento estratégico

8. Profundidade e amplitude das mudanças esperadas

9. Numeradores e denominadores na equação da mudança

FIGURA 20 – IMPLANTANDO AS ESTRATÉGIAS

1. Resistência e sua gestão

Um dos fatores que provocam resistência é a falta de credibilidade no que está sendo proposto. Se as pessoas que elaboraram os projetos não possuem uma experiência anterior de sucesso de implantação e não conquistaram a credibilidade necessária, a resistência estará presente, ou pelo menos a falta de confiança. Resistência decorre das experiências do passado sobre o que foi de sucesso ou também das dificuldades passadas. Neste caso, o novo é visto com muita cautela. Somente após muito debate e persuasão é que poderá se implantar.

Com relação ao próprio planejamento estratégico e comentada a sua resistência na implantação, é, no entanto, uma das ferramentas que têm contado com apoio irrestrito dos dirigentes, que veem nele instrumento de projetar o futuro e promover novas realizações.

As prescrições podem não gerar confiança, como vimos, pela falta de credibilidade. Neste caso, é preciso flexibilidade para se alterar o tratamento, na medida em que ele pode ser entendido e implantado na organização. Independentemente disto, é preciso ser flexível para introduzir o emergente e as mudanças no ambiente que venham a ter impacto na empresa. A incompetência, por sua vez, reage ao tratamento, assim como o desconhecimento. E a cultura dominante, quando conservadora, também pode ser fator reativo, assim como o sistema de recompensa que prevalece na organização.

A gestão da resistência consiste em administrar as suas causas, localizando onde se encontra e procurando caminhos que, em lugar de provocar resistência, sejam indutivos de confiança. Sem dúvida, como Igor Ansoff dizia, é preciso na balança de forças haver mais apoio do que resistência, sendo a ideia de construir plataforma para enviar o foguete. Quando a resistência é provocada por desconhecimento, é preciso introduzir treinamento, capacitação, criar linguagem comum para evitar desentendimentos e, desta forma, complementar o que falta.

O superintendente de uma empresa de porte no seu ramo de atividade mantinha um perigoso equilíbrio entre baixo risco de gestão e poucos resultados, porém suficientes para pagar dividendos aos acionistas divididos. Havia pouco investimento, uma gestão financeira cuidadosa e a participação de mercado eram mantidas com dificuldade e até reduzida lentamente ano após ano. Este equilíbrio vinha desde o início de sua gestão, há sete anos, e sem perspectiva de mudança.

Em outro caso, o representante do Conselho de Administração de uma empresa americana que detinha 20% do capital percebeu que o comando, apesar de profissional, era muito conservador e mobilizou forças do conselho para mudar o gestor. O substituto do superintendente foi o diretor técnico, homem de ideias e inovador, que possuía projetos de mudança que se encontravam reprimidos pelo antecessor, e a empresa teve então uma grande disparada rumo ao futuro na busca de novos produtos e mercados, melhoria de processos internos e na sua organização. Mas nem sempre processos de resistência terminam desta forma. Acreditamos que muito do que ocorre quando existe resistência na implantação de mudanças decorre de falhas na formulação e na forma de decidir, em geral de forma precipitada.

Discordar é salutar, dialogar também, e encontrar caminhos conjuntos é uma forma de resolver o que se consegue eliminando conflitos e buscando fórmulas de interesse comum.

2. Por que processos de mudança não promovem mudança

Um dos motivos é que, quando a amplitude da mudança é muito ampla e como se trata de mudar tudo, se acaba não conseguindo mudar quase nada. A existência de uma grande quantidade de aspectos de mudança ao mesmo tempo gera confusão e perde-se o foco no que é prioritário.

Em uma empresa (NI) havia quinze propostas simultâneas de mudança. Os executivos se encontravam assoberbados de carga e os chefes e gerentes não sabiam o que fazer primeiro. Tantos projetos simultâneos terminaram provocando que nenhum deles foi executado adequadamente, no tempo previsto e custo estimado. Neste caso, partimos para selecionar os projetos prioritários e escolhemos três para implantação imediata e mais dois a serem implantados a seguir. Os outros ficaram para mais adiante.

Muitos de nós, certamente se lembram das tentativas de se fazer a reforma administrativa em Brasília. Esta reforma terminou num grande fracasso, por ter sido decidida no nível do Ministério da Administração. Se tivesse sido delegada a cada órgão com algumas diretrizes centrais, o resultado poderia ter sido positivo. Nesses casos, vemos que é preciso escolher por etapas, seguindo as prioridades e, na implantação, dando uma sequência ordenada na medida em que os recursos, tanto financeiros como de disponibilidade de pessoas, permitirem.

Também é importante destacar que processos de mudança não provocam alteração quando são genéricos e não apontam para as verdadeiras causas dos problemas. Às vezes é melhor iniciar as mudanças de forma parcial, partindo da periferia, em lugar de tentar no centro e sem percepção dos interessados. Obter credibilidade e, assim, dar seguimento ao processo de mudanças, que não deixa de ser contínuo e necessário num mundo em transformação.

3. O papel dos agentes na implantação

Estamos nos referindo aos atores que intervêm em cada processo de transformação. Ou seja, o presidente e os executivos principais de linha de frente ou de negócios, os assessores e as equipes executantes, compostas de chefes, supervisores e colaboradores em geral. Iniciando com o papel do presidente, quando o estilo autocrático predomina, ele dita o que fazer, quem deve fazer, como fazer e em quanto tempo praticamente sozinho, e a equipe obedece, sem ser a responsável. O êxito ou fracasso cabe ao presidente.

Em contraste a este estilo, participamos da reunião da Honda, na qual o presidente ficou quase dois dias sem falar, observando o comportamento do grupo ao debater o projeto. Foi somente no fim da reunião que ele se manifestou a respeito do prazo e conseguiu que a implantação fosse realizada em tempo recorde para os padrões ocidentais. Em outra empresa, o presidente é um jovem que herdou o negócio e se diz muito participativo. Ele promove debates e ouve todos se manifestarem, sempre cautelosamente. Após certo tempo, já um pouco cansado de ouvir todos falar, ele vai à frente e faz a sua colocação escrevendo no quadro, ao que todos concordam de imediato.

O papel do presidente tem mudado no tempo. Nas grandes organizações deve ser limitado a apoiar e orientar, deve ser um treinador de sua equipe, deve saber ouvir (qualidade rara em presidentes) e deve ter uma atuação moderadora, sem intervir demasiado, desde que tenha uma equipe competente e motivada. Outro aspecto importante refere-se a quem deve fazer as mudanças: os assessores ou os executivos da linha de frente, responsáveis pelos negócios?

Ocorre que os executivos da linha de frente em geral estão muito atarefados com o dia a dia e, quando delegam os projetos aos assessores, terminam conflitando com os mesmos e discordando da forma como a implantação foi feita. Por isso recomenda-se que sejam os executivos da linha de frente, que serão os responsáveis pela direção no futuro, os condutores da implantação, participando de todas as fases do projeto, desde a concepção até a execução completa. Para isso, eles devem delegar tarefas menos importantes aos seus imediatos. O papel dos assessores, por sua vez, deve ser de colaboradores dos responsáveis pela execução das mudanças, fornecendo subsídios e até controlando o desempenho dos projetos na sua idealização em confronto com o desempenho posterior.

4. Acompanhamento dos projetos *hard* e *soft*

Como vimos, os projetos significam o futuro da empresa, valorizam a organização e representam a introdução de entropia negativa, modernização, atualização e reposicionamento.

Muito importante será acompanhar os projetos em sua execução dentro dos prazos estimados, de acordo com os custos orçados e no seu desempenho técnico, conforme imaginado por ocasião de sua aprovação. A importância dos projetos é inquestionável. Resultados obtidos no presente é resultado de projetos do passado, assim como o resultado do futuro será decorrente dos projetos em andamento hoje. Projetos demandam recursos que podem ser significativos e precisam ser formulados cuidadosamente, o que nem sempre acontece.

Numa empresa fabricante de bebidas, nossa cliente, uma grande unidade produtora, foi instalada com incentivos fiscais em uma região que não conseguia absorver mais do que 30% de sua capacidade. A unidade ficou ociosa e deficitária durante três anos. O atrativo do incentivo fiscal se tornou uma falsa atração, pela inviabilidade do projeto, que tinha característica de megalomania. A tentativa de exportar o produto para outros estados era antieconômica e ficou provado que o projeto tinha sido uma inadequada aplicação de recursos.

Outra empresa realizou um grande projeto de expansão e, para economizar, deixou que o projeto fosse gerido pela própria equipe interna em lugar de contratar para a execução, porém com supervisão interna, uma empresa especializada. A equipe fez tudo que pôde para atender às expectativas, mas acabou prejudicando a produção, que era demandante. O projeto terminou com um ano de atraso em relação ao tempo previsto e o custo excedeu em 45% os valores originalmente estipulados. O presidente da empresa me relatou, num momento de descontração, que se soubesse o que ocorreria, teria contratado uma firma especializada para gerir o projeto e deixaria a equipe interna somente no controle.

Estes não são casos isolados. Quando implantamos projetos, precisamos cuidar dos prazos, do desempenho técnico e dos custos, evitando que as premissas adotadas para a aprovação fiquem totalmente modificadas na execução. Os prazos são muito importantes para o cálculo do retorno do investimento realizado. Mesmo sendo essenciais, obras públicas pecam por não cumprirem os prazos fixados e até se prolongam durante anos, sem uma avaliação adequada dos efeitos negativos para os cofres públicos.

Também nas organizações em geral ocorre de a execução de projetos demorarem mais do que o planejado por diversos motivos: fornecedores que atrasam, chuvas que prejudicam as obras, componentes importados que demoram a chegar, dificuldades na negociação de partes ou aquisições, como ainda alterações do projeto durante a sua execução. Estes são alguns dos motivos alegados para justificar atrasos. Na realidade, trata-se de falta de planejamento.

Na implantação de projetos pouco significativos para o porte da organização – por exemplo, quando representam até 10% do negócio –, estes podem ser supervisionados pela própria equipe e afetam menos do que quando representam um crescimento igual ao tamanho atual e exigem maior cautela e cuidado na execução e no cumprimento dos prazos, custo e desempenho. O custo sendo maior e o tempo de execução dilatado implicam prejuízo no cálculo do retorno e do fluxo de caixa, como veremos nas figuras a seguir:

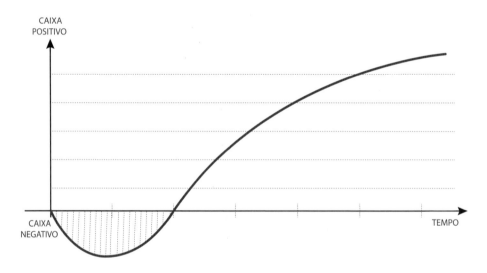

FIGURA 21 – FLUXO DE CAIXA PREVISTO

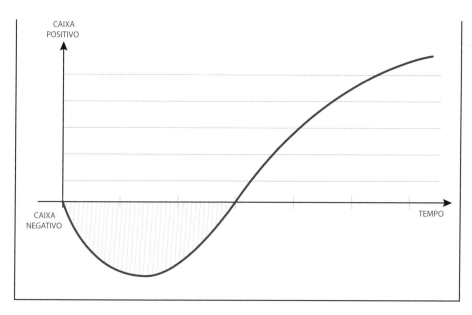

FIGURA 22 – FLUXO DE CAIXA REALIZADO

O custo e o tempo gasto, sendo maiores, implicam retorno menor e de maior tempo do que o previsto para o capital investido ser amortizado. Acompanhar o custo exige planejamento e dedicação, especialmente nas contratações e no suprimento.

O desempenho técnico, por sua vez, é fundamental. O objetivo inicial deve ser atingido em qualidade e resultados, pois dele depende a aceitação e consolidação do projeto. Sacrificar qualidade e desempenho técnico, escolhendo produto inferior e mais econômico, pode significar efeitos muito negativos.

5. Implantação simultânea à formulação

Quando a burocracia ainda prevalece, as organizações demandam que, após se decidir sobre um determinado projeto, elas sejam comunicadas, os executantes iniciem os contatos para contratação e o processo de execução seja iniciado. Nesse processo, podem surgir dúvidas a respeito do que foi decidido e, assim, novas questões são levantadas, provocando atrasos na execução. No tratamento, e também para que custos, desempenho técnico e prazos sejam cumpridos, a pressão acaba sendo muito grande e o respeito aos cronogramas é muito importante. Por isso, os atrasos são imperdoáveis, mesmo que os motivos apresentados os justifiquem.

É preferível, como vimos, gastar o tempo que for necessário para decidir com todos os interessados e, quando se iniciarem as tarefas, estarem todos juntos colaborando, sem voltar para trás. Mesmo que um debate seja demorado, é preciso ficar claro que alguns itens são indiscutíveis e devem ser aprovados. Neste caso, nada impede que quem esteja presidindo a reunião saia no meio dela, determinando a execução, porque se sabe que após a conclusão total dos debates a pressão pelo tempo deverá ser grande e se exigirá o cumprimento de prazos.

Enquanto se discute, iniciar o processo não é comum. Quando a burocracia predomina, é preciso seguir os caminhos, esperar concluir os debates, comunicar por escrito e somente depois dar início. Por isso, num mundo competitivo e demandante, fazer deve ser simultâneo com decidir, sem perda de tempo, pois isso atrasa cronogramas e afeta o custo. Mas, por sua vez, isso não significa que não podemos, no meio do caminho da implantação, modificar o projeto por uma mudança na demanda ou por um fator tecnológico.

6. Plano mestre estratégico e relatório de planejamento

Um dos instrumentos mais utilizados no passado foi a gerência por objetivos, que promovia em todos os setores a fixação de metas a serem cumpridas e que servia para avaliar desempenho pelo cumprimento das metas fixadas. Hoje trabalhar sem planos e sem objetivos também seria como não saber o que pretendemos nem para onde estamos nos dirigindo. Os planos de desenvolvimento são os planos *hard* e *soft* e o conjunto equilibrado deles constitui o que podemos denominar de plano mestre estratégico.

Os projetos representam a síntese de todo e qualquer esforço de planejamento, gestão, pensamento, arquitetura, desenvolvimento ou revolução estratégica. Se soubermos quais são os projetos *hard* e *soft* de uma organização para seus próximos anos, saberemos qual é a sua estratégia. Assim, os projetos são a essência do futuro da organização, e dividir em *soft* e *hard* é tão somente uma forma de entender e visualizar as características peculiares dos projetos que tratam de capacitação, tecnologia, sistemas e de outros elementos do denominado "capital oculto" dos projetos destinados à aquisição de equipamentos, instalações, prédios para aumentar, crescer, entrar em novos negócios, comprar ativos ou até incorporar competidores.

A somatória destes dois tipos de projeto constitui o plano mestre, com cronograma detalhado das implantações e plano financeiro que permite visualizar a sua execução sem maiores dificuldades durante o trajeto.

O equilíbrio entre os ativos fixos e tangíveis e os ativos ocultos, ou capital intelectual, é muito importante, porque eles se complementam. Não é possível fazer uma grande expansão física sem levar em consideração os elementos complementares que serão necessários para seu êxito após a execução do plano. Outro aspecto importante é o relatório de planejamento. Constatamos em algumas organizações que se dá muita importância a relatórios extensos, que provam erudição acadêmica e ficam decorando as prateleiras, mas que são mal implantados.

A relação relatório-ação é muito importante, evitando-se trabalhos exaustivos e que pouco contribuem. No tratamento, aconselhamos relatórios somente quando necessários e que sejam sintéticos e objetivos, apontando o essencial de forma clara. O foco deve se concentrar na ação que eles provocam e não na erudição que demonstram.

7. Planejamento ou pensamento estratégico

Henry Mintzberg nos apresenta ideias esclarecedoras a respeito da evolução dos conceitos sobre a definição do que seria a estratégia nas organizações. Devemos concordar com ele que muito trabalho de planejamento tem ficado nas estantes ou nas gavetas sem ter conseguido as transformações desejadas. Ao mesmo tempo, devemos concordar que os exercícios de planejamento e preocupação com o futuro constituem excelente treinamento na formação das equipes de executivos. Mas afirmar que um processo rígido de planejamento possa conduzir a organização a um futuro de sucesso é uma grande ilusão. Igor Ansoff também afirmava que estratégia não é sinônimo de sucesso. Então, para que gastar energias e tempo fazendo todo o trabalho de planejamento? O que é então que faz com que uma organização tenha sucesso na sua visão de futuro?

A ênfase exagerada no processo pode se tornar uma camisa de força, na expressão do presidente de uma empresa de nove mil empregados. A contrapartida ou o oposto é simplesmente estrategizar, produto do pensamento estratégico. Isto exige certo treinamento e significa a volta a fazer aquilo que se acredita que será útil e positivo. Fazer aquilo que se acredita, e não tão somente experimentar para ver se dá certo, é uma forma de fazer dar certo, com convicção e transmitindo segurança para o público interno e para o mercado. Esta é a ideia de Mintzberg de que executivos criativos e empreendedores são os que fazem a estratégia funcionar por meio do pensamento estratégico.

8. Profundidade e amplitude das mudanças esperadas

No diagnóstico, detectamos problemas; no prognóstico, dramatizamos as tendências; na prescrição, recomendamos as medidas; e, no tratamento, fazemos as mudanças de rumo ou ajustamos o caminho a seguir.

Num mundo em constante transformação crescem a responsabilidade das organizações para a continuidade sustentável, a responsabilidade social, a responsabilidade para com o meio ambiente, a responsabilidade para com a saúde e a afirmação da empresa no seu ambiente. Como exemplo, a indústria alimentícia que transforma produtos naturais em produtos agradáveis de consumir, gostosos e também acessíveis, tem cada vez mais a responsabilidade de elaborar produtos que evitem os problemas da obesidade ou da desnutrição por não serem adequados para uma boa alimentação saudável. Cada vez mais, indústrias produtoras de alimentos estão sentindo a pressão do ambiente para maior adequação a uma alimentação saudável, com menor teor de açúcares e gorduras trans e com maior valor nutritivo. As que não se adaptarem a estas tendências terão seus mercados reduzidos e tenderão a desaparecer. O problema é agravado pelo número cada vez maior de pessoas obesas no mundo, resultado principalmente dos produtos oferecidos pelas indústrias de produtos para consumo alimentar.

Com o advento do iPhone, do iPad e de novas tecnologias, as mudanças que estão por vir afetarão muitos setores e muitas atividades desaparecerão e outras surgirão. Também a substituição do papel moeda pelo cartão de crédito e débito e os pagamentos digitalizados eletronicamente estão transformando o comércio e os negócios via internet.

Para obter resultados, as organizações terão de fazer grandes mudanças e se adequar ao mundo novo em transformação e também deverão se distanciar de competidores que estarão perdendo mercados. Atitude proativa será imprescindível neste mundo novo. E as mudanças poderão ser gradativas – neste caso, contínuas – ou de ruptura com o passado – neste caso, revolucionárias. Afetarão todos os setores e exigirão aporte de recursos para a transformação, e deverão ter retornos rápidos para sustentar novas mudanças e novos projetos.

No caso das indústrias farmacêuticas, o prêmio Nobel de medicina Richard J. Roberts faz uma grave denúncia sobre a forma que se trata o trabalho farmacêutico dentro do sistema capitalista. Segundo ele, a indústria prefere escolher produtos de alto retorno no lugar de fazer pesquisas destinadas a curar doenças. Curar doenças não seria rentável. A preferência, então, é por doenças crônicas, que obrigam o uso constante de medicamentos. O Dr. Roberts revelou ainda que as grandes empresas deste setor nos Estados Unidos gastam milhões de dólares para que os médicos promovam seus medicamentos. Como também afirmou que elas fabricam drogas que promovem a cronicidade e que obrigam a consumo permanente. Esta atitude do setor, questionada pelo Dr. Roberts, é um alerta da necessidade de mudança, com postura ética e objetivando adequar os serviços e produtos às verdadeiras necessidades da população.

9. Numeradores e denominadores na equação da mudança

O tratamento pode ainda ser abordado de duas formas muito diferentes. Uma delas, que tem sido amplamente aplicada, é a de reduzir custos ou recursos aplicados na organização. Estes recursos consistem em imóveis, valores financeiros, despesas com pessoal, despesas com novos projetos e com tecnologia e despesas em geral.

Gary Hamel e C. K. Prahalad qualificam estas ações como atuação no denominador na equação do resultado de uma organização. Reduzir pessoal é uma tarefa relativamente fácil e rende dividendos. Muitas organizações passam a se valorizar no momento em que demitem funcionários para se adequar na busca de margens de lucros, e seus executivos passam a ser elogiados e premiados quando conseguem melhorar resultados. Por outro lado, temos a equação do numerador, na parte superior da equação, que consiste em superar as expectativas, em lançar novos produtos, em mudanças tecnológicas no processo ou no produto, em ampliar atividades com novos negócios, em crescer com criatividade e inovação e até em surpreender o seu público.

Sem dúvida, atuar no numerador é muito mais trabalhoso do que reduzir, diminuir recursos, porém é também mais eficaz. Requer esforço e capacitação para sermos verdadeiros empreendedores. Tomar medidas no denominador pode ser necessário em determinado momento, como dar um passo para trás para depois dar dois para frente, mas não pode ser um caminho permanente, porque conduz ao fechamento.

A busca de contínuo desenvolvimento, por outro lado, exige novidade, constante criatividade e, em muitos casos, a quebra de velhos paradigmas relacionados com o que deu certo no passado. Atuar no denominador e demitir provoca desemprego, o que, por sua vez, empobrece. Fica difícil, para o país, gerar riqueza com altos níveis de desemprego. A criatividade e o empreendedorismo são os instrumentos para combater o flagelo do desemprego, que gera insatisfação e violência, sem contar que é direito de cada um poder trabalhar e ganhar o seu sustento e o de sua família.

A seguir, o caso de duas atitudes em dois restaurantes quase vizinhos. O líder, aquele que havia sido o melhor e maior estabelecimento, estava em fase e redução de gastos. Diminuiu a iluminação e investiu menos em melhorias, apesar de manter todo o funcionamento interno igual, como garçons, toalhas de mesa e decoração. No entanto, deu a impressão de que tinha parado no tempo com a glória de ser o melhor. Inclusive os banheiros não tiveram nenhum melhoramento. (Gosto de observar os banheiros de restaurantes porque transmitem a imagem do que pode ser a cozinha.)

Seu concorrente, no mesmo quarteirão, investiu em nova iluminação, comprou novos copos, talheres e pratos, decorou o salão, contratou novos garçons com novos uniformes e reformou e modernizou os banheiros. Hoje o concorrente se tornou líder e está sempre lotado, enquanto o antigo líder perdeu clientes e continuará perdendo se não perceber a tempo o seu descuido.

Outro caso ocorreu nos Estados Unidos com um homem simples e humilde, que para ganhar algum dinheiro resolveu instalar um quiosque numa estrada deserta para a venda de cachorro-quente para os motoristas de caminhões que trafegavam na região. Para atrair seus clientes, ele oferecia um cachorro-quente maior e com ingredientes de boa qualidade, e foi aos poucos crescendo até se transformar em ponto de atração na região e parada obrigatória dos caminhoneiros. Este homem simples casou e teve um filho. Como não conseguiu estudar quando jovem, enviou o seu filho para as melhores escolas e depois para a UCLA, uma das melhores universidades do país.

O sonho do pai era ter o filho a seu lado, quando formado, para crescer no negócio, que já tinha dimensões de um investimento de porte, com shows todas as noites. Com o diploma embaixo do braço, o filho foi ajudar o pai. Uma das primeiras observações que ele fez ao pai: "Você sabe que o país se encontra em crise?". E o pai respondeu: "Não, não sei". "Pois bem", disse o filho, "estamos gastando muita energia com as luzes acessas aí fora à noite toda." Assim resolveram apagar 50% das lâmpadas. O filho introduziu um sistema de economias que acabou diminuindo o tamanho do próprio cachorro-quente original. À medida que as economias estavam sendo introduzidas, a atividade do negócio começou a declinar, não havia mais shows e parte das instalações foi desativada, voltando a ser um negócio de pequeno porte. O pai então disse ao filho: "Você tinha razão quando dizia que o país estava em crise". Isso é atuar no denominador. Pessoas sem visão cortam despesas porque não sabem atuar no numerador. Não significa, porém, que economizar não seja importante. As duas vias do desenvolvimento estão, por um lado, em atingir custos competitivos com economia e, por outro, realizar estratégias para atingir um futuro promissor.

O tratamento é sem dúvida a parte mais importante de todo o processo que se inicia com o diagnóstico. Qualquer estratégia que não leve à ação se trata de um trabalho intelectual sem resultados. Trabalhos teóricos que terminam nas prateleiras é perda de tempo e de recursos se não são implantados.

7. Como visualizar as mudanças ocorridas nos conceitos de estratégia?

Os conceitos de estratégia surgiram na década de 1960 em contraposição ao conceito de planejamentos quinquenais, que fracassaram por não levar em consideração as tendências, por não considerar a multiplicidade de fatores que intervêm durante o percurso e por não terem sido bem-sucedidos. Até então as empresas faziam seus planos básicos de caráter financeiro projetando o momento atual por mais três a cinco anos.

O trabalho com estratégia foi introduzido nas grandes corporações, que criaram departamentos especializados para fazerem os seus planejamentos anuais no início e a seguir plurianuais. Nas transformações ocorridas nesse período, as organizações têm buscado meios de adaptação, entre os quais o mais importante são os relacionados com tecnologia e também o conhecimento.

A estratégia como instrumento de gestão também sofreu transformações para se adaptar ao novo mundo em mudança e para conseguir atender aos anseios de satisfazer necessidades cada vez maiores das organizações. Grupo seleto de professores e pesquisadores tem dado uma contribuição importante nesta adaptação estratégica por meio de publicações científicas em revistas especializadas.

Uma entidade que se tem destacado na realização de congressos e publicações é a Strategic Management Society Conference (SMSC), fundada em 1980 e que realiza todos os anos o seu congresso especializado. No primeiro congresso, realizado em Londres no School of Economics, do qual tive prazer de participar a convite do professor Igor Ansoff, estiveram presentes 50 pessoas, todas dos Estados Unidos e da Europa, sendo eu o único latino-americano. A este pequeno grupo se somou nos congressos seguintes um número bem maior de participantes, como também uma quantidade maior de novas publicações em revistas e livros sobre o tema.

A Sociedade Latino-Americana de Estratégia (SLADE), que em 2018 realiza seu XXXI Congresso na cidade de São José, na Costa Rica, foi fundada sob a inspiração da SMSC. Desta forma, a estratégia sofreu profundas transformações conceituais para também se adaptar às mudanças e hoje podemos afirmar que existem visões muito diversas sobre o tema. Isso não ocorreu por acaso. O trabalho com este instrumento foi se modificando no tempo para atender necessidades em transformação. Seria difícil depois de 60 anos que os mesmos conceitos se mantivessem sem alterações.

Da análise do estado da arte, sem pretender ser exaustivo nesta análise, destaco nove visões que representam as várias correntes de pensamento desde a década de 1960 até nossos dias. E a seguir comentaremos cada uma destas visões.

> 1. Planejamento estratégico
>
> 2. Administração estratégica
>
> 3. Estratégia competitiva
>
> 4. Desenvolvimento estratégico
>
> 5. Arquitetura estratégica
>
> 6. Pensamento estratégico
>
> 7. Estratégia como revolução
>
> 8. Estratégia para mundo autossustentado
>
> 9. Estratégia do Oceano Azul

FIGURA 23 – AS NOVE VISÕES ESTRATÉGICAS

1. Planejamento estratégico

Trata-se da mais antiga e tradicional das visões. Um dos primeiros autores foi George Steiner, mas muitos outros também participaram. Como seu nome indica, trata-se de um plano. É um plano que se realiza ciclicamente, uma vez por ano, quando se pensa no próximo, ou seja, nos meses de novembro e dezembro, para ser implantado no ano seguinte e muitas vezes destinado também para os próximos dois a quatro anos ou mais, em alguns casos.

O fechamento do planejamento estratégico conclui com um orçamento e fluxo financeiro para o período do plano. Sendo feito para vários anos, e em todo ano é acrescentado mais um ano, permite revisão anual e correções para os anos seguintes. Normalmente o planejamento estratégico envolve equipes de linha de frente e pessoal de apoio para sua execução, constituindo um processo de aprendizagem importante que obriga a pensar no futuro. Destina-se a definir, entre as oportunidades e ameaças e entre as alternativas, quais as que serão escolhidas para o futuro da organização. A estrutura clássica do planejamento estratégico é composta de várias etapas: missão, visão, objetivos, pontos fortes e pontos fracos, oportunidades e ameaças, alternativas estratégicas, escolha da estratégia, implantação e avaliação.

Missão
Consiste em uma frase que tenta sintetizar o que se propõe a organização. Para que ela existe?

Normalmente esta frase é afixada no saguão de entrada para as visitas e também para os funcionários poderem se identificar com a missão. Trata-se de uma frase genérica, tentando explicar o que a organização pretende fazer. Engloba clientes, funcionários e acionistas, produtos e ou serviços, linhas de atuação, e podemos comprovar muitas vezes que somente mudando uma ou outra palavra a mesma frase se aplica a outras empresas ou organizações igualmente.

Visão
Consiste um pouco do que se acredita que será interessante no futuro. De olhar para além da própria empresa, observar o mundo e o futuro por vir. Está na qualidade de os empreendedores possuírem uma visão de mundo e de futuro que permita dar embasamento ao trabalho com estratégias voltadas também ao futuro.

Objetivos
A pergunta seria: o que se deseja atingir e quais são os objetivos? Abrange não somente aspectos numéricos, mas também todos os outros objetivos, como, por exemplo, a introdução no ano de uma nova tecnologia ou ainda um reposicionamento ambiental.

Pode ser também uma mudança comportamental, a introdução de um novo programa de capacitação ou um novo desenho de layout nas estações de trabalho.

Pontos fortes e fracos
Trata-se de uma análise tradicional que destaca, mediante consulta aos envolvidos, como sentem a entidade em suas fortalezas em relação a competidores potenciais e também quais são as fraquezas ou aspectos críticos que devem ser melhorados.

Objetivo desta análise é manter ou até fortalecer os aspectos positivos e resolver os negativos mediante programas específicos a desenvolver. É uma análise interna.

Oportunidades e ameaças
Estas se encontram no mundo exterior e podem estar em novos mercados, em competidores novos e em tudo que se encontra em nosso entorno e até fora dele. Comentava-se como verdadeiro que as oportunidades estariam em negócios relacionados, mas no caso da Carpet Express ficou provado que isto nem sempre é verdade.

Ameaças pairam no ambiente o tempo todo e agir para evitar é um desafio. Por outro lado, oportunidades existem, mas devem ser descobertas com criatividade.

Alternativas estratégicas
Pensar cuidadosamente quais são as alternativas é uma tarefa importante, pois é entre elas que escolheremos. Alternativa é crescer nos negócios atuais, como no caso da Votorantim, ou entrar em novos negócios, como no caso da Carpet Express?

Mapear todas as alternativas possíveis no caso específico em questão implica extrapolar o que imaginamos que seja possível para nós no presente e no futuro. Entre alternativas, escolheremos quais as que melhor nos atendem, sabendo que em cada caso existem riscos que são próprios do negócio e que podem ser maiores ou menores, dependendo da alternativa apresentada.

Escolha entre as alternativas
Trata-se de definir qual estratégia a seguir, que projetos desenvolver. Partindo das opções que foram escolhidas, pode ser levada em consideração aquela que melhor resultado apresenta no curto prazo, ou aquela que, mesmo não sendo tão interessante, atende plenamente aos anseios da sociedade em ter-

mos de sustentabilidade ambiental e, desta forma, apresenta também sustentabilidade para a organização num prazo maior de tempo.

Implantação
Estratégias bem definidas e não implantadas perdem rapidamente a sua validade e contribuem para desacreditar o esforço de planejamento estratégico. O processo de implantação pode encontrar resistências quando os interessados não forem suficientemente envolvidos. Nos 27 casos relatados na Primeira Parte deste livro, encontramos modelos de gestão que, quando se trata de implantar, motivam todos para fazer sem delongas. Para evitar as resistências, o modelo sociocrático tem se mostrado eficaz.

Reavaliação
É um procedimento periódico de verificar se as ideias originalmente discutidas e aprovadas estão se mostrando realizáveis. Certo projeto que se imaginava seria concluído em um ano pode estar demorando muito mais do que o previsto, o que afetará o resultado e fluxo de recursos. Assim pode ser necessário rever e modificar os planos iniciais.

A periodicidade das reavaliações deve ser definida para ser feita "em tempo" de evitar que erros sejam consolidados. Quando feitas apenas anualmente, corre-se o risco de não corrigir em tempo e não fazer as alterações necessárias. Para concluir análise deste instrumento, vamos considerar algumas falácias que podem ocorrer durante o processo de planejamento. Isto não significa que as falácias devam ocorrer, mas se trata de um alerta para se prevenir.

Uma das falácias mais comuns é a que denominamos de fadiga de planejar. Quando o setor de planejamento solicita uma série de informações que depois não apresentam consequências, as pessoas envolvidas nesta tarefa passam a se desinteressar e delegam o envio dos dados para pessoas não qualificadas e aí acontece o descrédito do planejamento.

Outra falácia se refere a quem planeja. Desde o início do planejamento estratégico foram criados órgãos responsáveis e até diretorias ligadas diretamente à presidência, que competiam em autoridade com os setores de linha de frente com muito poder e pouca responsabilidade e que, nos momentos de crise, eram os primeiros setores a serem eliminados. Para que o planejamento funcione, os executivos da linha de frente devem também assumir a tarefa de planejar e o setor de planejamento, se existe, deve ser um colaborador. Para isso ser possível, e tendo em vista que os executivos da linha de frente estão sempre muito ocupados, eles, por sua vez, devem saber delegar tarefas menos importantes a seus subordinados.

Outra falácia é a chamada "paralise pela análise" e ocorre quando se solicitam mais e mais informações e não se decide. Análise em demasia e pouca ação. Isto atrasa a tomada de decisões, as ações ficam postergadas e a concorrência toma a dianteira. Não existe nenhuma decisão que não implique risco, por isso muitas vezes é preciso agir mesmo sem ter toda a informação e toda a certeza.

Mais uma falácia é o viés dos planejadores que, para não assumir compromissos, colocam os melhores resultados no fim do ano ou ainda nos anos seguintes. Esta atitude é muito comum tanto nos que planejam como nos executivos, sendo uma forma de jogar no futuro para não serem cobrados no presente. Se o presente for melhor do que modestamente imaginado, será sucesso, e se no futuro os resultados não forem atingidos, será fácil explicar quais foram os fatores que impediram resultados melhores.

Ainda temos a falácia da predição, em que pessoas que lidam com o futuro, tanto economistas como administradores, acham que sabem o que acontecerá, quando a única coisa certa nas previsões de médio e de longo prazo é que não acontecerão da forma que foram previstas. Quanto maior a certeza colocada nas previsões, maior a certeza de que terão de ser modificadas.

As últimas falácias que podemos indicar são as da imparcialidade e da formalização. A primeira acredita que o sistema é imparcial e, portanto, infalível. Escolhida a estratégia, o sucesso será garantido. Na realidade, sabemos que o emergente, como no caso do professor relatado neste livro, pode ser mais importante do que o deliberado, enfraquecendo a ideia do sucesso garantido. A segunda se refere a processos fixos e formais, seguidos de uma sequência padronizada em todos os casos. Esta sequência é que daria garantia à realização de um trabalho certo. Como se trata de solução simples, pode estar destinada a ser falsa.

As falácias podem estar presentes ou não no planejamento estratégico e também em algumas das outras visões que apresentamos a seguir. Conhecer as falácias é uma forma de prevenção para evitar que erros simples prejudiquem o sucesso do trabalho de planejar o futuro.

2. Administração estratégica

Na década de 1980, por ocasião do primeiro congresso da SMSC em Londres, o conceito que tinha ganhado prestígio, como serviu inclusive para o nome da entidade (Sociedade de Administração Estratégica), foi mudar da palavra planejamento para administração ou gestão estratégica. A ideia do planejamento era plano cíclico, enquanto a ideia da gestão era a de em tempo real. Esta nova forma de ver a estratégia incorpora a ideia das estratégias emergentes e também a ideia da capacitação. Para Igor Ansoff, com quem estudei na Bélgica, a estratégia não muda se não mudarem a percepção e a capacitação, como no exercício de análise de perfil nas figuras 11 a 15.

O exercício de análise de perfil que ele introduziu faz uma avaliação da turbulência ou do fator ambiental, da estratégia adotada e da capacitação existente, e conclui com os eventuais hiatos, sendo hiato turbulência estratégia e hiato turbulência capacitação. Isto exige planos complementares para reduzir ou até eliminar os hiatos. Esse exercício foi aplicado em empresas familiares, estatais e multinacionais com diferentes resultados, como pode ser verificado nos gráficos já mencionados.

Aplicando o exercício de análise de perfil durante um período de dez anos em grupos de executivos na Universidade de São Paulo (USP) e no seminário de Trilogia, pudemos constatar que na maioria das empresas estatais, com algumas raras exceções, eram mantidos hiatos grandes entre turbulência e estratégia. Já nas organizações familiares brasileiras era percebido esforço para adequação, sem ainda atingir uma posição ideal, enquanto nas multinacionais a busca era de adequação ambiental e ao hiato inexistente entre turbulência e estratégia. Isto pressupõe que nas multinacionais o desenvolvimento de capacitação era fortalecido permanentemente.

A sintonia fina com o ambiente torna as organizações globais e multinacionais mais competitivas em relação às familiares. Isso se manifesta por meio da capacitação que seria o desenvolvimento de equipes preparadas para entender e se adaptar às mudanças. Mudando a capacitação, muda-se a estratégia.

Ansoff trouxe também outra importante contribuição à gestão da resistência. No planejamento estratégico, um dos argumentos dos planejadores para a dificuldade de implantação era a existência de resistência por parte dos atores que intervinham. E Ansoff trouxe a contribuição de que a resistência é um processo natural que deve ser entendido como produto da experiência do que deu certo e errado no passado e que, portanto, entendendo as causas, deve ser seguido sempre o caminho da menor resistência. Isto, por sua vez, depende de tempo para convencimento ou ainda da aplicação do apoio do poder. Observar que na sociocracia se obtém o consentimento, o que significa eliminar resistências na hora de implantar as estratégias. Outra característica introduzida foi a de que o planejamento estratégico foca no plano periodicamente elaborado, enquanto administração estratégica foca na ação.

A ampla obra de Ansoff destaca a necessidade de se criar invulnerabilidade nas organizações para permitir a sua continuidade e, para isso, a necessidade de adaptação às transformações ambientais, entre as quais as mudanças tecnológicas. Organizações que não criarem invulnerabilidades estarão sujeitas a ser adquiridas por terceiros ou até a não sobreviver.

Construir uma plataforma de lançamento de projetos foi outra ideia interessante, que consiste em que qualquer mudança para ser colocada em prática precisa de uma plataforma de apoio prévio, que deve ser gerida para o sucesso do instrumento a ser utilizado. Construir plataforma significa obter o necessário apoio para a implantação. Muitas vezes existem opiniões diversas numa diretoria e, caso a parte discordante seja maior do que a parte que apoia a implantação, esta não acontecerá. Por isso a importância de se construir a plataforma.

Ansoff usava esta terminologia se referindo ao lançamento de foguetes no espaço e mencionava que de nada adianta ter um maravilhoso foguete se não tiver uma plataforma de lançamento adequada para colocá-lo no espaço. Ele utilizava este simbolismo para se referir aos projetos estratégicos que precisam ser definidos e implantados.

3. Estratégia competitiva

Esta visão teve como promotor Michael Porter e foca especificamente no concorrente. Ele aborda os vários competidores no nicho de mercado em que a entidade atua. Os vários tipos de competidor são agrupados em competidores no setor empresarial, nos clientes como potenciais concorrentes, nos fornecedores como potenciais competidores, nos novos entrantes concorrentes e ainda em produtos substitutos. Trata-se de cinco forças competitivas, segundo Porter.

Na estratégia competitiva, destaca-se a curva U, que apresenta três estratégias genéricas: diferenciação, custo baixo e focalização. Pela curva U observamos que as formas de obter alta rentabilidade estão em ser diferenciado ou ter baixo custo. No entanto, se estivermos focalizados a um determinado segmento, mesmo com baixa quantidade, podemos obter alta rentabilidade.

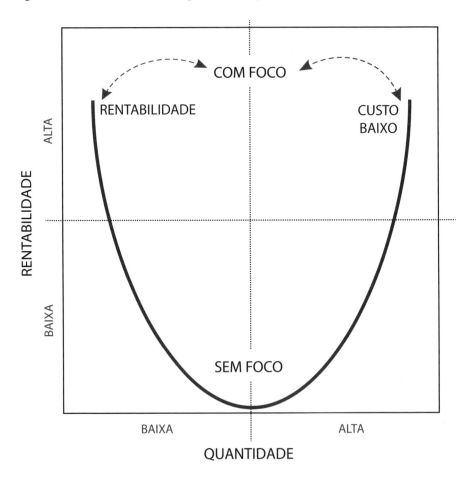

FIGURA 24 – CURVA U DE PORTER

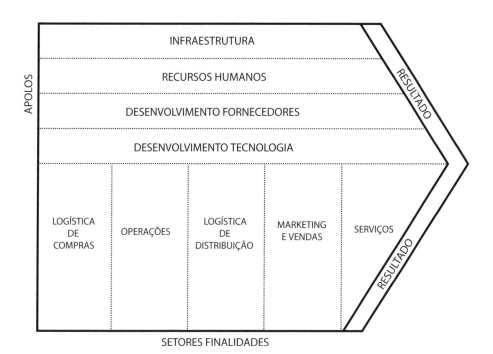

FIGURA 25 – CADEIA DE VALOR DE PORTER

É também a cadeia de valor, pela qual são distinguidos os setores de apoio dos setores de finalidade ou primários. As atividades de suporte são representadas pela infraestrutura, pela gestão de recursos humanos, pelo desenvolvimento tecnológico e pelo desenvolvimento de fornecedores, enquanto as atividades-fins são divididas em logística de compras, operações, logística de distribuição, marketing e vendas e serviços.

Após tomar consciência da cadeia de valor e da margem que é obtida nela, uma opção quando o resultado obtido não se mostra satisfatório é a desconstrução da cadeia de valor, que equivale a repensar a organização em cada um dos seus aspectos, introduzindo mudanças que podem ser até revolucionárias.

As ideias de Porter tiveram seu auge na década de 1990, inclusive devido à invasão de produtos japoneses nos Estados Unidos. Seus livros tiveram grande sucesso e são muito consultados até hoje. Ele é reconhecido tanto pela sua análise detalhada da concorrência como por seu trabalho com as estratégias genéricas e a cadeia de valor. Entre as suas diversas publicações, encontra-se o livro *Competitive Strategy of Nations* e ele foi convidado a assessorar o governo dos Estados Unidos na elaboração das estratégias de Estado.

4. Desenvolvimento estratégico

Meu sócio de 35 anos na consultoria CIGAL e depois no Instituto Gallen, Kurt Lenhard, esteve uma vez em Búfalo, como relatado anteriormente, participando do famoso Seminário de Criatividade, e trouxe para nós as ideias de Georg Land, que se mostraram semelhantes às ideias de Ichak Adizes, autor do livro *Corporate Lifecycles*. As ideias de um autor são complementadas pelo outro e compõem uma abordagem muito útil e aplicável não somente às organizações, mas também aos objetos e até às pessoas e ao conhecimento. Eles dividem a vida de uma empresa em estágios e, considerando a grande maioria das organizações que desaparecem, o ciclo tem um começo e um fim. Mesmo assim, não é obrigatório em organizações que se reinventam no tempo. O Banco do Brasil é uma organização que tem vida longa. Recentemente visitei uma empresa alemã fabricante de instrumentos musicais que tem 150 anos de existência.

A curva do desenvolvimento apresenta um aspecto trágico no fim, como sendo produto de um processo de entropia que se aplica a tudo. A provocação desta abordagem, como veremos nas figuras a seguir, é a necessidade de reverter a tendência natural entrópica, introduzindo melhorias, novos produtos, nova tecnologia, novos processos, criatividade, sustentabilidade e inovação para subsistir e até crescer num mundo em constante mudança e transformação.

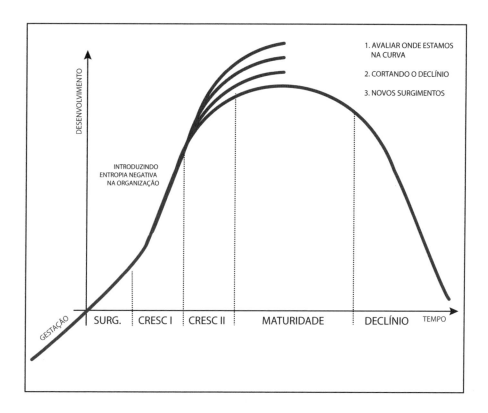

FIGURA 26 – CURVA DO DESENVOLVIMENTO APLICADA

Cada etapa do ciclo de vida das organizações requer um estilo específico para o sucesso e para a sua continuidade. Quando se entra no período de maturidade do ciclo de vida, um novo ciclo empreendedor é aplicado, significando um novo surgimento nas organizações.

Como vimos anteriormente, a curva do ciclo de vida também se aplica a objetos, ao conhecimento, à vida das pessoas e às organizações, sendo que em todos os casos a provocação do exercício é motivar para evitar o processo de entropia que tende a se instalar.

5. Arquitetura estratégica

Gary Hamel e C. K. Prahalad, no seu livro *Competindo pelo Futuro*, abordam a criação da arquitetura estratégica, alegando que o futuro não precisa ser apenas imaginado, precisa ser construído, daí o termo "arquitetura".

No caso do professor relatado na Primeira Parte deste livro, pudemos constatar a arquitetura do condomínio desde o início usando estratégia emergente, mas projetando a ponte e as ruas, arquitetando as quadras de tênis e a captação da água e muitos outros detalhes até o funcionamento, hoje com 47 casas prontas.

Para arquitetar o futuro, é preciso sonhar repetidamente com o que se deseja atingir. Mas como sonhar não é suficiente, é preciso tornar o sonho realidade. Isto significa desenhar o futuro, construir e usufruir dele. Um arquiteto precisa sonhar muitas vezes com coisas que não existem ainda e ser capaz de criá-las. Essas características fazem do arquiteto um sonhador e um planejador ao mesmo tempo.

6. Pensamento estratégico

A ideia relacionada a olhar para a estratégia como pensamento foi desenvolvida por Henry Mintzberg, professor da McGill University. Mintzberg é autor de diversos livros sobre estratégia empresarial e foi presidente da Strategic Management Society SMS). Ele afirma que planejamento estratégico é análise, enquanto pensamento estratégico é síntese.

No início, as lideranças das grandes empresas estavam na busca de melhores formas de se tornarem competitivas e, inspiradas em Taylor, separaram o pensar do fazer, criando a função dos planejadores estratégicos como os responsáveis pela elaboração das melhores estratégias e procedimentos para que os executivos não cometam erros na implantação de projetos. Mais tarde, quando os planos elaborados se mostraram ineficazes e surgiram as primeiras crises sérias, os executivos assumiram a função de planejar e alegaram que os planejadores eram desnecessários e muitos setores desapareceram. O motivo desse fracasso foi que o planejamento estratégico não é pensamento estratégico, mas pode se confundir com a manipulação de números e dados.

A essência da posição de Mintzberg é que as melhores estratégias são visões e não planos. E que o planejamento estratégico, da forma que tem sido aplicado, é a articulação de estratégias ou de visões já existentes. Assim, pensamento estratégico significa absorver as aprendizagens dos dirigentes, suas experiências pessoais, as experiências de outros e os dados obtidos por pesquisa ou por outros meios, sintetizando tudo isso na visão da direção a ser seguida.

O papel dos planejadores é fornecer análises formais ou dados requeridos para se pensar estrategicamente, devendo-se destacar as principais preocupações, atuar como catalisadores, suportando quem faz estratégias e encorajando pensar estrategicamente. Como programadores da estratégia, eles devem implementar a visão. Planejar tem a ver com análise, como, por exemplo, desdobrar um objetivo em uma série de intenções ou etapas, formalizar estas etapas de modo a poder implantar com facilidade e articular as consequências ou resultados de cada etapa.

O planejamento estratégico tem sido aplicado muitas vezes isolando uma equipe durante um tempo para falar sobre futuro. Para formalizar o processo, organiza e analisa rápido, define a missão pela manhã, avalia forças e fraquezas pela tarde e define as estratégias lá pelas 17 horas. Em lugar disso, pensar estrategicamente se refere à síntese envolvendo intuição e criatividade. Como resultado se obtém uma perspectiva integrada da empresa ou organização mesmo sem uma visão totalmente definida e articulada.

O caso da embalagem Tetra Pak no leite é um exemplo de intuição e criatividade, tendo os diretores da empresa resolvido aplicar e vender a ideia desta embalagem protetora, em um país de clima tropical e onde o produto poderia estragar durante a viagem de transporte. Devido a essa iniciativa pioneira, o Brasil é o primeiro país a introduzir essa embalagem com essa finalidade. Outro exemplo de pensamento estratégico foi dado por Edwin Land em 1943, quando inspirado pela filha de 2 anos que perguntou por que não podia ver a foto recém-tirada, ele desenvolveu a máquina Polaroid.

O próprio George Steiner, um dos criadores do planejamento estratégico, afirma que "se uma organização é dirigida por gênios intuitivos, não existe necessidade de planejamento estratégico". Uma imagem adequada do planejador é a da pessoa que fica atrás numa reunião, junto ao CEO, auxiliando na organização das decisões estratégicas tomadas e que se encontram dispersas nas anotações pendentes. Outra imagem é a do catalisador, que faz as perguntas certas, muitas vezes provocativas, em lugar de oferecer soluções simples para problemas complexos.

Algumas empresas, ainda com características burocráticas, preferem o planejador analítico, que trará modelos e fórmulas de outras organizações, com estilos mais modernos. Preferem também planejadores intuitivos e provocativos, que levam a raciocinar estrategicamente em lugar de elaborar planos. Ainda algumas preferem ter muito pouco de cada estilo e estão demasiado preocupadas com os problemas diários para poder pensar no amanhã.

Nos últimos anos, trabalhando com estratégia, ficou claro para mim o que o planejamento não é e também o que não consegue fazer, assim como para que veio e o que consegue fazer para melhorar as organizações.

As técnicas que são formais têm as suas limitações e nos ensinam que não é preciso perder tempo com formalismos que consomem energias inutilmente. Ensina-nos também sobre como pensamos, como seres humanos, e como às vezes deixamos de pensar, especialmente em equipe, e deixamos acontecer para depois agir.

7. Estratégia como revolução

Gary Hamel escreveu um artigo na *Harvard Business Review* de julho/agosto de 1996 em que nos apresenta um novo enfoque de interpretação do que seria trabalhar com estratégia. Posteriormente escreveu um livro sobre o mesmo tema.

A visão que o incrementalismo nos oferece é limitada e se torna um argumento para explicar o porquê de se olhar para estratégia como revolução. O autor argumenta que as empresas, quando sentem dificuldades, fazem planos de redução de custos, lançam novos produtos ou melhoram a qualidade. Todos estes itens levam a um limite, a partir do qual o custo-benefício da ação se torna desinteressante para novos esforços.

No mundo atual, para lidar com a mudança tecnológica, existem três tipos de empresas: as que fazem as regras e ditam as condições do mercado, as que seguem as regras ditadas pelas líderes e as que quebram as regras e, por isso, são revolucionárias. São as empresas criativas que lidam com a descontinuidade na nossa volta.

Vivemos uma época de surgimento de grande número de empreendedores revolucionários, criando empresas que pouco tempo antes nem se imaginava que pudessem existir. São as criadoras de novos mercados, com novos produtos inovadores e com novas tecnologias. As empresas que ditam as regras são grandes organizações que até pouco tempo atrás dominavam sozinhas o mercado e praticamente não tinham concorrentes. Podiam ditar as regras por serem as maiores e dominarem o mercado. Quando surgiam competidores, estes seguiam as regras já fixadas e desta forma abocanhavam parcelas pequenas, geralmente em nichos pelos quais as grandes não tinham interesse.

Cada vez mais surgem organizações com ideias totalmente novas, tornando obsoletas aquelas que não conseguem se adaptar rapidamente. Estas organizações revolucionárias passam a ocupar espaços importantes, apesar dos esforços das maiores de limitar seu crescimento. No mundo de hoje, solicita-se a presença dos revolucionários a reagir aos conformistas que desejam conservar velhos paradigmas. Com esta visão, afirma o autor que estratégia hoje é revolução, todo o resto é tão somente tático. Fazer planejamento, segundo Hamel, é tarefa para tecnocratas. É preciso, no entanto, ter planos. Os sonhadores farão as estratégias não como um procedimento, mas sim como uma jornada de preparação para o futuro próximo.

Dez princípios dão embasamento conceitual à visão de estratégia como revolução.

1. Planejamento estratégico não é estratégia
Enquanto planejamento estratégico é ritualístico, extrapolativo, estilista, de posicionamento e fácil de executar, "estrategizar" é inquisitivo, presciente, inventivo e demandante.

2. Fazer estratégia deve ser subversivo
Para fazer estratégia, é preciso ser subversivo, sendo o propósito não a subversão, mas a iluminação. Enquanto isso, o ortodoxo vê a estratégia como subversiva porque questiona as velhas convenções. Recomenda-se relaxar quanto à busca de novas oportunidades.

3. O engarrafamento se encontra no topo da garrafa
A ortodoxia é defendida pelos principais executivos, que acreditam que a experiência do que deu certo no passado tem novas chances no presente. No entanto, a mudança rápida no ambiente torna a experiência irrelevante e até perigosa pelos condicionamentos que provoca.

4. Existem revolucionários em todas as organizações

Existem pessoas criativas e com iniciativa em todas as organizações. Infelizmente essas pessoas nem sempre encontram espaço para expor as suas ideias, e, quando o fazem, recebem respostas desestimulantes. A ortodoxia das organizações fica preocupada com a ação dos criativos e inovadores, porque constituem uma ameaça ao estado atual e à posição dos beneficiados.

5. Mudança não é problema, comprometimento sim

Quando pensamos em mudança, o fazemos por receio do que vem vindo ou por pressão do ambiente. E muitas vezes a palavra mudança está associada a reestruturar ou reorganizar o que tem muito a ver com redução de pessoal. Na realidade, deveria significar abrir novas oportunidades, novos produtos, novas tecnologias, ou ainda corrigir erros dos dirigentes. A ideia do comprometimento significa que a mudança deve ser realizada com responsabilidade de obter desenvolvimento positivo e não tão somente reducionismo.

6. Fazer estratégia deve ser democrático

Nas organizações, o pessoal é demandado para realizar tarefas, cumprir planos, cumprir metas, mas poucas vezes são envolvidos para realizar as estratégias. Para obter comprometimento, como no caso da Honda, todos que podem contribuir devem participar e ser ouvidos, especialmente os jovens e os recém-chegados, que têm ideias novas para contribuir. Desta forma, fazer estratégia se torna um processo democrático.

7. Qualquer um pode ser um ativista estratégico

Aqueles que possuem ideias, mas não são ouvidos, se veem mais como vítimas do que como pessoas ativistas na organização. Sendo constantemente podados nas suas ideias, ou terminam insatisfeitos e saem da entidade ou se acomodam e se realizam fora dela. Eles se preocupam com a organização onde trabalham e gostariam de poder contribuir mais, desde que tenham espaço para isto.

8. A perspectiva é muito importante

É preciso olhar para o mundo com novas lentes para poder entendê-lo. Entender a visão como um feixe de competências essenciais e usar a imaginação em lugar do investimento de capital como determinante da estratégia. Neste processo, deve-se buscar quais são as descontinuidades tecnológicas, em estilos de vida e nos hábitos de trabalho, assim como descontinuidades geopolíticas que criam novas oportunidades. Assim surgem as ideias revolucionárias e as opções não convencionais.

9. De cima para baixo e de baixo para cima não são alternativas
Estratégias de cima para baixo são impostas, portanto pertencem à ortodoxia. A revolução estratégica não precisa necessariamente iniciar pelo topo da organização, mas precisa ser lá endossada, como no caso do Banco do Brasil. Os pensadores muitas vezes estão em algum lugar na base da pirâmide e precisam ser ouvidos. O ideal é que juntos todos participem e tenham oportunidade de se manifestar.

10. Você não pode ver o fim partindo do princípio
De um lado, análise da descontinuidade; do outro, análise das competências essenciais; e você se surpreenderá com o resultado. Não procure obter o fim a partir do início. É importante chamar novas vozes a participar, encorajar novas perspectivas e buscar opções não convencionais. Estas mudanças representam o acreditar que estratégia é revolução.

Estes dez princípios representam um roteiro para quem deseja implantar estratégia como revolução.

8. Estratégias para um mundo autossustentado

A medição do crescimento da riqueza de um país tem sido comumente feita por meio do crescimento do Produto Interno Bruto (PIB). No entanto, este indicador não reflete os estragos produzidos nos recursos finitos, nem onde os roubos e os seguros contabilizados como gerando riqueza, nem onde fica a riqueza gerada. Também não espelha os problemas de consciência, nem como fica a classe média e os menos favorecidos com o crescimento do PIB. Desta forma, avaliar a riqueza de um país pelo PIB tem sido muito questionado e o próprio Banco Mundial nos oferece uma solução, como veremos a seguir.

Enquanto pensamos nas formas de avaliar a riqueza, deparamo-nos com cenários ambientais mudando drasticamente, onde as organizações, para sobreviverem, precisam atuar em mercados competitivos, muito agressivos e conturbados, com aumento de inadimplência associado à pobreza, com número elevado de desempregados que não compram, com dificuldade maior para sobreviver e com demanda crescente de inovação e criatividade, especialmente tecnológica.

Enquanto isso, o comércio internacional cresceu de forma geométrica, surgindo com grande força o poder das organizações globalizadas. Ao mesmo tempo, assistimos às transformações ambientais que afetam o planeta em que vivemos e que conduzem a uma rota de insustentabilidade.

As organizações são transformadas em federações de empresas. A motivação para trabalhar em projetos que oneram os ecossistemas deixa a desejar e surge cada vez com maior força a indicação de projetos que reduzam o risco futuro e que garantam a sobrevivência das organizações em novas condições de sustentabilidade e com responsabilidade social. Cada vez mais as organizações têm aderido a uma postura de compromisso com o meio ambiente, inclusive como forma de melhorar a sua imagem perante o consumidor. Os planos de mudança com redução de custos não atacam esses problemas de futuro, muitas vezes bastante próximos.

Os cenários estruturais em nível mundial apresentam discrepâncias próprias dos sistemas sociopolíticos e as desigualdades geram conflitos que estão se tornando também insustentáveis. Enquanto um bilhão de pessoas consome 75% da produção de bens mundiais, produzindo lixo, tóxicos e resíduos, os outros quase seis bilhões do planeta possuem carências básicas não atendidas.

Hoje moram em cidades dois de cada três habitantes do planeta. Mais de três bilhões são africanos, indianos e chineses, com níveis de elevada pobreza e até de miséria, e a população mundial cresce em média 100 milhões a cada ano e deve dobrar em 40 anos, gerando degradação do ecossistema e estragos nas florestas, no solo e na água.

Como os recursos do planeta são limitados e a demanda é crescente pelo aumento populacional, crescem as migrações para países que oferecem melhores condições de vida, provocando problemas de desemprego e de competição com os empregados locais. Peter Drucker já apontava este como sendo o maior problema do futuro, o das migrações de países pobres para países que oferecem melhores condições de vida.

Um novo elemento na degradação ambiental é oferecido pelos movimentos terroristas e por ações isoladas em grandes cidades e que se originam em países com regimes ou religiosos extremos ou ditaduras também radicais. Esses terroristas, e até suicidas descrentes da humanidade, estão possuídos por um ódio até pouco tempo inimaginável e difícil de compreender.

Todo este fardo ambiental provocado pela escassez, de um lado, e pelo estrago que o homem mesmo provoca no ambiente, de outro, é produto de três fatores: população, afluência e tecnologia.

Como não está ao nosso alcance reduzir a população ou a afluência, o único fator administrável seria que podemos transformar a tecnologia utilizada, que pode transformar-se de parte do problema em parte da solução, com a visão de se criar um mundo sustentável mesmo após os atos de terror cada vez mais presentes. Algumas das medidas que poderiam ir ao encontro das necessidades do mundo com grandes carências e com perigo de extinção de recursos seriam a prevenção da poluição, o desenho de produtos que recuperam recursos, reutilizam e reciclam materiais e o uso de tecnologia limpa, como, por exemplo, biotecnologia em lugar de pesticidas ou de herbicidas.

A nossa defesa do meio ambiente e da construção de um mundo sustentável possui dois aspectos fundamentais na sua justificativa: de um lado, a questão de que devemos deixar para as futuras gerações um mundo não devastado pela vontade de consumir e, por outro lado, a questão de como aproveitar essas carências e oferecer soluções que venham ao encontro de uma demanda crescente, o que é bom também para os negócios.

Será bom para as empresas e para sua rentabilidade resolver os problemas que preocupam cada vez um número maior de pessoas. A sustentabilidade será conseguida com uma maior conscientização dos problemas futuros, o que já está acontecendo nas organizações, com a visão e a capacitação para construir portfólios sustentáveis e com o desenvolvimento de novos mercados.

Hazel Henderson nos relata sobre o trabalho do Banco Mundial para avaliar a riqueza das nações, no qual, em lugar do já desprestigiado PIB, leva em consideração quatro elementos: capital natural, que se refere a como o país trata de seus recursos naturais e que representa 20% da avaliação; ativos produzidos, que se referem às indústrias, aos ativos financeiros e que são praticamente o próprio PIB com outros 20% da avaliação; os recursos humanos, que se referem a como o país investe em educação e cultura, em saúde e em instrução em geral e que constituem 30% da avaliação devido ao potencial que representam; e, por último, o capital social, representado pelas famílias, pelas comunidades e pelas instituições, entre as quais as ONGs, que representam os outros 30%.

Esta forma de análise é, sem dúvida, muito mais completa e, mesmo que não se analise a distribuição da riqueza, pela análise das famílias e das instituições e pela análise da educação e da saúde, é possível detectar o nível de desenvolvimento e a qualidade de vida.

9. Visão do oceano azul sem competidores

O surgimento de uma nova visão é a denominada de oceano azul, em contrapartida ao oceano vermelho, onde os tubarões não apenas disputam os cardumes, como também terminam comendo uns aos outros.

O caso da Parmalat mostra que todos os grandes produtores de leite e derivados permaneceram em feroz competição, digladiando-se por fatia do mercado. Todos terminaram perdendo e esta indústria está sendo vendida gradativamente para grupos estrangeiros, como é o caso da francesa Lactalis.

W. Chan Kim e Renée Maubagne preconizam um oceano azul mediante "atuação do mercado"? sem concorrência ou tornando a concorrência irrelevante.

Na época em que foi fundado, o Playcenter, tratava-se de algo novo, inexistente até então na cidade São Paulo, e por isso sem concorrente. Desta forma, obtinha alta rentabilidade.

A ideia não é nova, portanto, mas o livro dos autores com relação a como criar novos mercados e tornar a concorrência irrelevante do ano 2005, e o livro *A transição para o Oceano Azul! – Muito além da competição* constituem um arcabouço teórico para descrever possibilidades de negócios e ações para serem criativos e diferentes, e por isso sem a preocupação com competidores existentes. O que não impede, após criar o novo negócio, produto ou ação, que surjam novos entrantes que imitem o pioneiro que aderiu ao oceano azul.

Pela ênfase dada ao tema e pelo sucesso atingido, vendendo 3,6 milhões de livros em 44 idiomas, esta pode ser considerada como a nona visão estratégica, sem desmerecer as oito visões que lhe antecederam. Esta visão vem complementar a proposta de Michael Porter, focada no concorrente e com diferenciação ou custo baixo, acrescendo focalização e custos simultaneamente e se distanciando dos competidores, buscando novos mercados ou novas formas de se fazer negócios.

Este é o caso também das 65 lojas da Reserva abrindo um mercado novo e diferenciado com custo relativamente baixo, atingindo grande parte da população jovem, com moda para homens inicialmente e diversificando com a mesma filosofia para crianças e mulheres em nicho em que ninguém tinha percebido esta visão sobre a moda. Dessa maneira, saindo do oceano vermelho para o oceano azul preconizado pelos autores.

Conclusão das nove visões

Estas nove visões representam um resumo do estado da arte em estratégia, que, como vimos, não pretende ser exaustivo. Com o tempo, outras visões e pontos de vista poderão se somar a estas aqui apresentadas. Pode então surgir a pergunta: como aplicar este conhecimento das oito visões?

Não se pretende que este conhecimento seja interpretado como mais um instrumento de aplicação imediata. As visões são o conhecimento da evolução das ideias no tempo desde o planejamento estratégico que termina com um plano até a visão de mundo sustentado, com Hasel Henderson, entre outros, apontando novos caminhos para o desenvolvimento.

As visões, assim como a própria estratégia, não são fórmulas de sucesso, e sim forma de conhecer e se manter atualizado e que talvez seja a única diferenciação conceptível. Ou, como diz Peter Senge, "aprender mais rápido do que o concorrente pode ser a única vantagem competitiva sustentável".

8. Como obter governança e sustentabilidade na estratégia?

Muito tem sido escrito e falado sobre governança e sustentabilidade. Tentaremos a seguir abordar a íntima relação entre os dois temas. Quando se trata do tema da sustentabilidade, surgem vários aspectos. O mais importante para as organizações talvez seja conseguir sobreviver num mundo em mutação constante e onde a criatividade para ser diferente se torna uma necessidade para ter sucesso.

Esta sobrevivência pode ser geradora de conflitos com os interesses maiores da sociedade, o que ocorre quando provoca degradação ambiental, quando os alimentos produzidos provocam obesidade, diabetes e infarto, ou quando a indústria farmacêutica produz remédios que provocam cronicidade em lugar de curar.

E como a governança define seus interesses e atende aos anseios dos acionistas prometendo dividendos polpudos? Como a governança define a sua estratégia de futuro tentando promover uma imagem positiva quando seus objetivos claros são gananciosos?

As contradições éticas são evidentes nos casos mencionados. Instalar equipamentos que evitam a poluição ambiental pode ser oneroso demais e inviabilizar o projeto, deixando as coisas como estão. Realizar mineração que provoca profunda degradação ambiental, como também desastre ecológico de grandes dimensões, afetando toda uma população, não poderia ter passado despercebido pelos técnicos, que seguramente alertaram para os riscos envolvidos, mas que foram esquecidos propositadamente por imediatismos dos dirigentes, que não acreditaram nos cenários apresentados.

Muitos são os exemplos do imediatismo instalado tanto na política como nas organizações. Somente a pressão da sociedade poderá mudar este estado deplorável das coisas. A sustentabilidade de uma ONG que trata de crianças desnutridas, como também de obesas, fica questionada permanentemente na sua finalidade. Para se adaptar, passa a tratar de obesas, quando a finalidade inicial era combater a desnutrição infantil. Manter elevado tratamento técnico, pedagógico, médico e social em atendimento às famílias continua sendo o seu objetivo original.

Se fabricar remédios tem por finalidade promover saúde, a indústria farmacêutica não pode deixar isso de lado, priorizando o interesse de seus acionistas antes de cumprir sua finalidade, que é a sua estratégia. E se a indústria de alimentos tem por finalidade suprir, fornecer e oferecer alimentação, esta deve ser saudável, o que não tem acontecido na maioria das vezes nos alimentos industrializados.

Voltando à sobrevivência necessária, é muito diferente do que obter o máximo de rendimento possível. Buscar sobrevivência está longe do que tem sido constatado na indústria de alimentos e na indústria farmacêutica, que são campeãs na obtenção de maiores lucros.

Diminuir expectativas e não transgredir a finalidade de suas existências de alimentar, curar, manter a poluição em níveis toleráveis e evitar degradação são pré-requisitos que devem ser respeitados. Se bem executados, a recompensa será o reconhecimento dos consumidores, sem a necessidade de buscar subterfúgios para se justificar na sua ação inconsistente.

Da mesma forma, os políticos estão a serviço do país, e não para enriquecer em detrimento da maioria da população. Se esta for a finalidade de servir, o país seria muito melhor e as decisões muitas mais sábias. Quando se negocia por cargos públicos ou quando se leiloa e fatia a riqueza do povo para que a corrupção e as vantagens sejam distribuídas, estaremos assistindo a uma situação vergonhosa e inaceitável por todos.

É indispensável que haja governança em todas as esferas e organizações, sejam ONGs, entidades públicas ou organizações particulares, que não desviem das finalidades para as quais foram constituídas. É preciso ficar claro o que pretendem e para onde estão conduzindo o mundo em que vivemos, não se esquecendo da herança que estarão deixando para as gerações futuras. A responsabilidade é muito grande. Não é permitida omissão. Parabéns ao Dr. Richard J. Roberts por apontar os desmandos da indústria farmacêutica. Devemos seguir vigilantes e apontando falhas no sistema de governança e buscando sustentabilidade.

9. Como a cultura pode ser fator importante?

Participei recentemente de um debate público sobre o tema "Ética na política", num momento em que o país vive uma grande onda de escândalos de corrupção, apontada e levantada por investigações promovidas por juízes na busca de um país melhor.

A palavra que mais se destacou nas apresentações foi "cultura" como sendo a grande causadora dos inúmeros casos de corrupção que, pela primeira vez, estão sendo levantados e levados a público. Então consideramos voltar novamente ao tema da cultura quando se trata de elaborar estratégias para o futuro, seja de uma organização particular, de uma estatal, de uma ONG, ou ainda do próprio governo e de seus vários órgãos.

Mudar o ambiente organizacional não é normalmente uma tarefa difícil, mas mudar cultura pode ser complicado, demorado e de grande impacto. Como obter uma cultura que leve ao sucesso e, ao mesmo tempo, gere sustentabilidade? No caso do ambiente político, talvez existam duas formas de se olhar o sucesso: uma é relacionada com o progresso do país, a gestão desprendida de políticos que se colocam a serviço do país, e outra é o sucesso mesquinho da obtenção de vantagens a todo custo, mesmo em detrimento do bem público.

A mobilização das massas, uma consciência obtida pela educação, sem tolerância aos deslizes de comportamentos inadequados, poderá transformar os interesses de sucesso financeiro individual de políticos em sucesso para o bem comum.

Como professor, tive o dilema de constatar nas salas de aula que alunos faltantes mandavam colegas assinar a presença por eles. Sabe-se que determinado número de faltas pode significar a reprovação na disciplina. Sempre considerei que esta conduta tolerante com a falta de cumprimento do regulamento era imperdoável em futuros administradores, que serão responsáveis por grandes organizações e por contingentes de pessoas que neles se espelharão.

Por esse motivo, tomei a atitude de provocar um debate com os alunos sobre o tema e, a partir de um reconhecimento da falha que a atitude enganosa provocava, passei a controlar e punir os faltosos, ou então a considerar o número de faltas para efeito de aprovação da disciplina. Houve casos de alunos que, sendo reprovados por número de faltas, vieram falar comigo, alegando que eu não gostava deles e por isso os estava punindo. Não conseguiam entender que esse deslize leva à corrupção e a comportamentos ilegais. Outra solução para esta questão seria simplesmente eliminar a obrigatoriedade da presença em aula e avaliar os alunos, para qualificação e aprovação, pelo resultado de seus desempenhos nas disciplinas. É importante na sala de aula ensinar a ter comportamento ético como primeiro passo para a sustentabilidade e coerência enquanto não se mudam as regras.

No ambiente organizacional, é vital dar importância à cultura da entidade. Cultura de trabalho, equipes motivadas, direção focada no futuro com visão do próprio desenvolvimento, atenta às mudanças ambientais e incorporando essas mudanças para constantemente se reinventar, são algumas das condições para se obter sucesso. Veja o caso da Votorantim e a cultura do trabalho na terceira geração. Em nível individual, não é muito diferente. Foco no trabalho, planejando o futuro e sabendo o que deseja atingir, adaptando-se e incorporando as novas tecnologias, atualizando-se constantemente, também é pré-requisito para o sucesso pessoal.

Mesmo que seja difícil mudar a cultura, o caminho a percorrer é o do ensino constante, na elevação do nível intelectual, que permite o aumento da percepção do que nos rodeia. No país como um todo, e no ambiente político em particular, a educação é fundamental para que os homens públicos percebam o seu papel importante e a responsabilidade que têm em prestar serviços à nação. Desta forma, promover a utilização de recursos desviados pela corrupção para fins como saúde, educação, transporte e emprego para todos, nas políticas públicas.

A cultura reflete no modo de pensar e de agir, na forma de ver o mundo e de observar a própria realidade. Não podemos confundir cultura com clima organizacional, sendo este último relacionado com motivação, satisfação, às vezes com sensações de iniquidade, comparando aumentos de salários entre pares. A cultura da organização é assimilada pelos novos funcionários ao se adaptarem a ela, ou ao com ela conflitarem. A isso denominamos período de adaptação, que pode demorar alguns dias ou se prolongar durante meses.

Segundo Charles Handy, existem quatro tipos de cultura que podem ter similaridade com os estilos de liderança. São eles: cultura do poder, cultura do papel, cultura da tarefa e cultura da pessoa. E acrescento cultura da mudança e da inovação.

A cultura do poder se baseia no poder central e na sua capacidade de tomar decisões importantes sozinho. O formato é o de círculo, cujo centro emana a ordem a ser obedecida. Ver o caso da Trol e Ralph Rosemberg. Pouca importância é outorgada às equipes que devem obedecer. O julgamento é obtido pelos resultados, que terminam conferindo mais poder quando estes são favoráveis, e perde-se poder quando os resultados deixam a desejar.

Na cultura do papel, predomina a função ou o papel que cada membro possui na organização. As áreas e departamentos constituem a importância da organização. Cada um sabe o que se espera dele, ficando desta forma obrigado a realizar da melhor forma possível a sua função. Em ambientes turbulentos, como os atuais, esta cultura pode ser perigosa, por ser lenta nas suas respostas e difícil de coordenar.

A cultura da tarefa, por sua vez, é orientada para o trabalho geral ou para projetos específicos e se transforma numa rede na qual os vários atores contribuem para a consequente realização do que se espera da entidade.

Na cultura da pessoa, o indivíduo é o ponto central. A entidade funcionará para atender às pessoas em primeiro lugar, tanto pode ser o público interno de funcionários como os acionistas. Associações de bairro, comunidades, grupos sociais e familiares e também pequenas empresas se enquadram neste tipo de cultura. O professor é o estereótipo do homem orientado para a pessoa, operando em uma cultura do papel, que está mudando com o tempo para se transformar numa cultura de mudança e de inovação, em que o aluno determina o que será ensinado. Na cultura de mudança e inovação, estamos fortemente ligados com o que acontece ao nosso redor e rapidamente nos adaptamos e implantamos as novidades que nos fortalecem.

Quando pensamos nos fatores que afetam a cultura de uma organização, estamos pensando também em como podemos mudar essa cultura. Alguns dos fatores importantes podem ser, em primeiro lugar, as pessoas que compõem a direção e as suas formações e origens, incluindo educação e princípios que norteiam as suas ações. A seguir, a própria história da organização, que inclui realizações e eventuais percalços no caminho, e também seu tamanho, como tem crescido, seus ritmos de crescimento e com que atualização tecnológica. Também é importante saber quais são seus objetivos e metas, como se relaciona com o seu ambiente interno e também a sua responsabilidade com o ecossistema. E ainda as equipes envolvidas, os estilos de liderança e as formas organizacionais adotadas.

Atuar com estes fatores que afetam a cultura é uma árdua tarefa, mas não impossível. Mudanças graduais podem transformar uma cultura conservadora numa inovadora, mudando tecnologia e investindo na formação de equipes. Para isso, é preciso contar com o apoio do presidente numa cultura do poder.

Interessante foi o caso de uma organização onde trabalhei por 12 anos antes de criar a minha empresa de consultoria junto com meu sócio Kurt Lenhard. Aproximadamente dez anos depois, esta mesma empresa me convidou para um trabalho de consultoria e, para minha surpresa, apesar de ter mudado de dono, a cultura predominante era a mesma. As mudanças tinham sido pequenas apesar de os principais diretores terem sido trocados. Às vezes, a rigidez da cultura dominante impede a implantação de uma nova cultura, especialmente se o novo proprietário não provocar transformações mais profundas.

10. Como a natureza se compara com as organizações?

Vários motivos provocam a se pensar na sustentabilidade, no ecossistema e na sobrevivência no mundo em mutação, cada vez com maior intensidade.

Uma das explicações que apresentam bastante coerência é a que fala da sobrevivência dos mais fortes ou o princípio darwiniano da evolução das espécies, ou pelo princípio de exclusão biológica de Gause (pai da biologia matemática), em que a sobrevivência das espécies é semelhante à das organizações.

Outra forma de ver as organizações em sua relação com a natureza é comparando com os reinos naturais: o mineral, o vegetal e o animal. Comparar uma organização com um mineral se torna difícil por este último ser rígido e se transformar somente durante grandes espaços de tempo, ou somente se transforma mediante uma intervenção externa de natureza física ou química. Mesmo assim, podemos comparar com o reino mineral quando queremos dizer que uma organização é fossilizada e rígida e não se adapta às mudanças ambientais.

A falta de flexibilidade, o anacronismo, o conservadorismo exagerado e a repetição de fórmulas de sucesso do passado sem conseguir mudar podem, sim, ser comparados com minerais que somente se transformam mediante vigorosa intervenção.

Se compararmos uma entidade organizacional com um animal, a comparação sugere movimento, pois ele é ativo e dinâmico e se movimenta constantemente. Difícil imaginar uma empresa se movimentando de um lugar para outro, a menos que, como no caso da Imprimerie, tenha de se mudar por uma exigência das autoridades locais.

Podemos dizer que uma empresa é ágil, que seus dirigentes são como raposas ou como leões, que agem com esperteza ou que são lentas como tartarugas. A história do caranguejo mostra também a necessidade de cuidados especiais no crescimento, quando ficamos mais vulneráveis, especialmente se precisamos de recursos de terceiros para esse crescimento.

Se compararmos com o reino vegetal, as transformações são mais lentas e somente as percebemos com o tempo numa árvore ou numa planta. As alterações são mais visíveis na mudança das estações com a queda das folhas, com o surgimento das flores ou quando aparecem os frutos.

Este processo é semelhante ao que acontece nas organizações. Quando um projeto se encontra em gestação, não sentimos o seu efeito, que somente se manifestará por ocasião dele funcionando.

Quando olhamos para uma organização, somente vemos o momento atual, mas ele é decorrente de ações no passado e, muitas vezes, o seu futuro já está determinado pelas estratégias que foram adotadas. O efeito dos projetos e das estratégias é apenas percebido por quem conhece os meandros e consegue imaginar o que acontecerá num futuro próximo.

Uma ideia que se desprende destas comparações com os três reinos é que podemos sugerir que olhemos para uma entidade, empresa ou organização como se fosse uma árvore. O processo de transformação de uma árvore se dá a partir do plantio. É preciso tomar uma série de cuidados iniciais com a raiz, que deve estar preservada e protegida por terra fértil. E o local onde será plantada deve ser previamente preparado para receber a planta e permitir o seu crescimento.

Lembremos o caso de criar galinhas em lugar que pode inundar como inadequado na escolha das estratégias de sucesso. Também no plantio devemos escolher o local adequado, fazer o buraco do tamanho adequado ao futuro crescimento e escolher o lugar onde chove e faz sol para permitir um bom desenvolvimento. Se plantarmos uma árvore goiabeira no polo Norte esperando resultados, constataremos que ela não somente não dará frutos, como também morrerá. A mesma árvore num clima adequado florescerá e, após o seu crescimento, nos brindará com boa quantidade de frutos.

Algumas plantas não suportam climas de montanha e outras não gostam de calor. Ainda existem plantas que podem ser plantadas isoladas e outras que devem estar protegidas para crescerem. Tomadas estas precauções, podemos então plantar as nossas árvores, esperando que fiquem fortes no futuro.

Também é importante que a época do plantio tenha sido adequada e devem ser tomados cuidados especiais para que pragas não venham danificar ou até destruir a árvore enquanto ainda em crescimento.

Uma empresa instalada com os recursos adequados, numa época propicia, oferecendo produtos e serviços aceitos, passa por processo semelhante ao das árvores. Especialmente as raízes devem ser cuidadosamente tratadas. Nesta simbologia biológica, as raízes são representadas pelo conhecimento do negócio, pelos recursos disponibilizados para o período de gestação e primeiros passos, pela capacitação tecnológica e por terem sido feitos estudos que viabilizem a atividade no mercado em que pretende atuar.

Este último fator denominamos de atratividade, ou seja, que existam condições favoráveis para o crescimento. A luz solar provoca alterações químicas nas folhas. O bióxido de carbono do ar penetra nas folhas e, somado à água e aos minerais, se transforma em alimento nas folhas. As ramas levam água e minerais às folhas e alimentam as raízes. A água e as substâncias minerais do solo penetram pelas raízes. As árvores desenvolvem pigmentos fotoativos como a clorofila, que lhes permite produzir substâncias orgânicas com a interferência de energia luminosa.

Nas organizações, isso corresponde ao que a natureza nos presenteia com os frutos das árvores, retribuindo à vida aquilo que retira do solo, da chuva e do sol. As organizações obtêm os seus frutos pelas suas raízes. Investem em capacitação e conhecimento para obter os recursos de que precisam para o seu futuro crescimento ou ramificação.

Somente os *insiders*, aqueles que conhecem a sua essência, sabem dos fluxos que foram provocados e podem prever os movimentos preparatórios para a geração dos recursos futuros. Seria como penetrar na árvore e acompanhar o fluxo das seivas e as transformações internas. O fluxo da energia que se origina na árvore é semelhante à comunicação e seu resultado, mas ainda mais completo. Representa a velocidade da ação, a forma de decidir e implantar. Também indica como o resultado das ações transforma a organização, fortalecendo as suas raízes, os seus recursos, possibilitando prestar novos e melhores serviços ou produtos ao ambiente em que a organização está inserida.

As folhas das árvores são bidimensionais e se voltam à claridade na busca de maior contato. Recebem a luz solar e produzem clorofila que transmitem para as ramas e para o tronco. As organizações, por sua vez, buscam no ambiente também os dados para o seu reposicionamento na busca de oportunidades e no evitar ou reduzir o efeito das ameaças. Quando amadurecem, as árvores terminam o seu crescimento para o alto "mas não para o céu", como diria A. Buck, da Metal Leve. E também as empresas quando crescem têm os seus limites naquele produto ou naquele mercado e ficam vulneráveis ou dependentes. Antes que isso ocorra, o caminho da diversificação, com novos produtos ou novos mercados, seria uma solução. No caso das árvores, plantar outras, porque aquelas já maduras estarão em decadência dentro do processo de entropia que vimos.

A chuva ácida que afeta atualmente os bosques na Alemanha e em outros países da Europa Central, provocando a morte de muitas espécies de árvores, corresponde na simbologia biológica empresária às condições negativas para o desenvolvimento de países do Terceiro Mundo, ou ainda quando muitas empresas entram em recuperação judicial por fatores de crise econômica no país.

Crescer com sol radiante e chuva suficiente é mais fácil que crescer em condições negativas. Mesmo que tenham sido elaboradas estratégias cuidadosas, elas não garantem o sucesso, e fatores ambientais mudando rapidamente produzem vulnerabilidade em vez de fornecer condições para crescer.

No ambiente natural, teremos a chuva ácida ou a água pura. No ambiente empresarial dos países e suas políticas públicas, teremos condições favoráveis ou negativas para o desenvolvimento. Mesmo em condições negativas para o desenvolvimento, é possível estar nos 10% das organizações que se prepararam para a crise e estão fortalecidas para enfrentar esses novos desafios.

A árvore se comunica com o meio ambiente externo por intermédio da copa, como também pelas raízes. O mesmo ocorre com as organizações, que se comunicam com o ambiente pelos seus contatos e pelos seus produtos e serviços. Também pela tecnologia e cultura é que influem nas mudanças necessárias para a sustentabilidade.

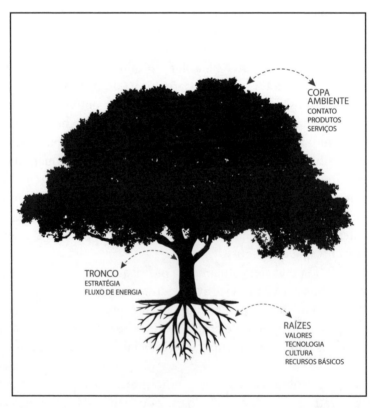

FIGURA 27 - DESENHO DA ÁRVORE E SUA COMPARAÇÃO COM ORGANIZAÇÕES

Assim podemos concluir que a copa corresponde ao contato com o meio ambiente. O tronco corresponde à estratégia e ao fluxo de energia dentro da organização. E as raízes correspondem a capacitação, cultura e valores, como também a tecnologia. Esta forma de comparar organizações com árvores é tão somente didática, mas o estudo aprofundado das árvores poderá ser útil na formulação de modelos próprios de desenvolvimento sustentável e que considerem as condições ambientais, o atendimento aos anseios sociais e às carências (como foi no caso Diversões descrito na Primeira Parte deste livro). Numa visão estratégica e num horizonte que extrapola nossas gerações, devemos considerar aspectos ecológicos, políticos e culturais para promover a perenidade das riquezas ambientais.

No processo instalado e destruidor em que estamos inseridos, coloca-se em risco a sobrevivência das condições ambientais. Por isso a necessidade de preservar os rios, as florestas e o ar que respiramos, pois estes recursos são limitados, tão limitados quanto os recursos necessários para os investimentos nas organizações. Cada vez mais as organizações estão se conscientizando e atuando no sentido de assumir o seu papel responsável, evitando a depredação e até assumindo o papel de contribuir para a melhora das condições ambientais.

Os vários setores empresariais, pressionados pelas populações, estarão mudando de comportamento, como são os casos da indústria de alimentos e da indústria farmacêutica. A dimensão cultural da visão de longo prazo ganha importância quando os valores e crenças são questionados pela população, exigindo mudança de postura.

Conservando nossa simbologia, os aspectos ecológicos estão mais presentes na copa das árvores, os aspectos políticos no tronco e os culturais nas raízes. O processo mais longo e seguro está no fortalecimento das raízes, onde encontramos a educação, o que somente será conseguido com a interação ambiental na copa e postura sociopolítica confiável no tronco.

11. Como obter sustentabilidade econômico-financeira, social, ambiental e pessoal?

Uma das maiores preocupações do empresariado é obter resultados e das organizações em geral, de continuar existindo, cumprindo o seu papel com ou sem objetivo de lucro. Sem números positivos, não haverá crescimento nem recursos para manter as empresas em funcionamento. Muitas fecharam porque descuidaram deste tão simples conceito.

Por esse motivo, dediquei o fechamento do livro para apresentar a fórmula mágica do sucesso, sobre cujo tema muitos autores já têm se manifestado de toda forma. Na realidade, a fórmula é muito simples.

1. Vencedor por opção

2. Oferecer algo substantivo em troca

3. Reputação de seriedade no mercado

4. Atender ao seu público interno

5. Responsabilidade com o ambiente externo e com o ecossistema

(Contribuição como palavra-chave)

FIGURA 28 – EXIGÊNCIAS PARA A SUSTENTABILIDADE

Pode parecer impossível de acreditar, mas a primeira exigência para se obter resultados positivos é desejar e querer que isso aconteça. O título do livro de Jim Collins de 2012 foi *Vencedores por opção*. Para ganhar, é preciso optar por isso.

Quando se instala o pessimismo, porque o mercado está ruim, porque surge um competidor mais agressivo ou um produto substituto, e quando achamos que as coisas estão ficando difíceis, então realmente elas ficarão difíceis, como no caso do empresário que vendia cachorro-quente ou no caso do ferroviário russo.

Muitas empresas dizem que desejam obter resultados, mais gastam mais do que podem, ou não enxergam as perspectivas que se apresentam, as oportunidades que surgem. Então, na realidade, estão mais propensas a ficar inativas, a demorar demais para agir ou ainda a contrair despesas em lugar de obter resultados com criatividade.

A segunda exigência é a de oferecer algo substantivo em troca: serviço reconhecido, produto aceito a preço considerado aceitável, entrega racional com logística atualizada e tudo aquilo que Michael Porter denomina de estratégias competitivas com custo baixo ou diferenciação e focalizadas.

Neste sentido, muita mudança está sendo provocada pela introdução das novas tecnologias, entre elas a venda pela internet, a compra pelo iPhone, a nova logística por produtos cada vez mais baratos produzidos na China e em outros países da Ásia, a demanda por novidade e o surgimento de cada vez mais produtos substitutos e mais bem aceitos. Por isso, a dinâmica da mudança ocorre num ritmo nunca visto, obrigando a nos manter rapidamente atualizados. Um exemplo digno de citar é o de Romy Meisler, um jovem empreendedor que, com mentalidade de *startup* de tecnologia, criou a Reserva, uma empresa moderna que reinventou as práticas do varejo no mercado de moda masculina e que relata as suas vivências no livro *Rebeldes Têm Asas*.

Uma das tendências que impactarão a vida das pessoas está relacionada com os novos modelos de carros do futuro apresentados na feira de Las Vegas em 2018, nos Estados Unidos, e que já começaram a ser produzidos com níveis de sofisticação tecnológica que vão do nível dois de veículos com autonomia e elétricos, assumindo já algumas funções do motorista, até o nível cinco, em que o aparelho até carece de volante e o motorista é dispensado. É somente necessário programar que o veículo nos leva aonde queremos.

Numa recente viagem ao Canadá, em setembro de 2017, na cidade de Toronto, vi este veículo, que estava à venda numa exposição. É totalmente autônomo, sem motorista, elétrico e com disposição dos assentos como um conjunto de poltronas sem precisar olhar à frente.

A terceira qualidade de uma organização para se manter viva no seu ambiente é gozar de uma reputação de seriedade nas suas relações com o mercado, com pagamentos em dia, compromissos cumpridos, relacionamento com fornecedores e clientes sempre atencioso e pontual.

A quarta qualidade é atender ao seu público interno – funcionários e executivos – e acionistas, nas suas expectativas, mantendo um clima organizacional apropriado e uma cultura voltada à visão de futuro, porque o dia a dia já foi assegurado pelas decisões do passado.

A quinta qualidade está relacionada com a sua responsabilidade para com o meio ambiente, com a sustentabilidade do ecossistema, inseridos que estamos todos num mundo maior do que o nosso círculo relacional limitado a nossas atividades. Se estivermos contribuindo, esta talvez seja a palavra-chave, o resultado será uma consequência.

Aquele conceito falho de que falta capital de giro para crescer e a necessidade de sempre recorrer a bancos para supri-lo somente serve para criar um ônus grave, o de ter de sustentar o banco além da organização, com ônus elevado em um país onde os juros são ainda muito elevados. Por isso, se possível, manter o relacionamento com os bancos num ótimo nível, não precisando deles, pois assim teremos as menores taxas se necessário, sem esquecer o caso da Imprimerie, que não conseguiu pagar empréstimo com juros de 5% ao ano.

Para concluir, em nível pessoal, a sustentabilidade está nas atitudes entre conservar e mudar, no comportamento responsável e na satisfação de fazer o que fazemos porque gostamos, e com isso nos identificamos, e na forma com que enxergamos o mundo e nossa sobrevivência.

A previsão para com tempos de crise é a mesma das empresas. Se não nos prepararmos para o pior, estaremos passando por dificuldades sem condições e como dependentes.

Sustentabilidade em nível pessoal é construir estratégias de futuro na vida intelectual e profissional, nas relações pessoais com amizades e familiares, no comportamento na sociedade e no planejamento de médio e de longo prazo. Se tivermos contribuído, a recompensa estará garantida.

Bibliografia

ADIZES, Ichak. *Corporate Lifecycles*. Nova Jersey: Prentice Hall, 1998.
ANSOFF, Igor. *The New Corporate Strategy*. New York, 1998.
_____. *Administração Estratégica*. São Paulo: Atlas, 1983.
BAKEL, Joel A. *A Visão de Futuro*. São Paulo: Siamar, 1993.
BUCHELLE, Robert. *Diagnóstico de Empresas em Crescimento*. São Paulo: Atlas, 1976.
BURNET, Bill e EVANS, Dave. *Designing your Life*. Standford University Alfred and Knopff, 2016.
CAPRA, Fritjof. *Ponto de Mutação*. São Paulo: Cultrix, 1985.
CHANDLER, Alfred D. *Strategy and Structure*. Cambridge: MIT, 1976.
COLLINS, Jim. *Level 5 Leadership*. Harvard Business Review. Boston, Jan. 2001.
DWECK, Carol S. *Mindset*. Rio de Janeiro: Companhia das Letras, 2017.
ENDENBURG, Gerard. *Sociocracy*. Roterdã, 1988.
GAJ, Luis. *Administração Estratégica*. São Paulo: Ática, 1985, 1986 e 1987.
_____. *A Saga*. São Paulo: M.Books, 2007.
_____. *O Estrategista*. São Paulo: Makron Books/Person Education, 2002.
_____. *Tornando Administração Estratégica Possível*. São Paulo: McGraw-Hill, 1990.
_____. et al *Transição 2000*. São Paulo: Makron Books, 1993.
GLASL, Friedrich. *Konfliktmanagement*. Haupt, 1980.
HAMEL, Gary. *Liderando a Revolução*. Rio de Janeiro: Campus, 2000.
_____. e PRAHALAD, C. K. *Competing for the Future*. Rio de Janeiro: Campus, 1995.
HANDY, Charles. *Understanding Organizations*. England: Penguin Books. 1977.
HENDERSON, Hazel. *Transcendendo a Economia*. São Paulo: Cultrix, 1991.
HENDERSON, Hazel. *Construindo um mundo onde todos ganhem*. São Paulo: Cultrix, 1996.
_____. *Transcendendo a Economia*. São Paulo: Cultrix, 1991.
HICKMAN, Craig. *The Strategy Game*. New York: McGraw-Hill, 1993.

KIM, Chian W. e MAUBORGNE, Renée. *A Estratégia do Oceano Azul*. São Paulo: Elsevier, 2015.

_____. *A transição para o Oceano Azul*. Rio de Janeiro: Sextante, 2017.

LAND, Georg. *Grupo de criatividade de Búfalo*. Relato do consultor Kurt Lenhard.

LIEVERGOED, Bernard. *Rumo ao Século XXI*. São Paulo: Antroposófica, 1997.

MEISLER, Rony e PUGLIESE, Sergio. *Rebeldes Têm Asas*. Rio de Janeiro: Sextante, 2018.

MINTZBERG, Henry. *The Fall and Rise from Strategic Planning*. Boston: Harvard Business Review, February, 1994.

PETERS, Tom. *Reinventando o Trabalho*. Rio de Janeiro: Campus, 2000.

PORTER, Michael. *Competitive Advantage*. Nova York: Free Press, 1985.

_____. *Competitive Advantage of Nations*. Nova York: Free Press, 1990.

_____. *Estratégia Competitiva*. Rio de Janeiro: Campus, 1986.

SENGE, Peter. *A Quinta Disciplina*. São Paulo: Círculo do Livro, 1990.

SLYWOTZKY, Adrian J. e MORRISON, Davids J. *A Estratégia Focada no Lucro*. Rio de Janeiro: Campus, 1997.

TOFLER, Alvin. *Powershift El Cambio Del Poder*. Barcelona: Plaza & Janes, 1991.

GRÁFICA PAYM
Tel. [11] 4392-3344
paym@graficapaym.com.br